당신이 하나님을 더 깊이 알아 가고 더 널리 알리는 사람이 되는 것, 이 책에 담겨진 예수전도단의 마음입니다. 말씀을 통해 저자가 깨닫고, 원고를 통해 저희가 누릴 수 있었던 그 감동이 책을 통해 당신에게도 전해지기 원합니다. 그리고 당신을 통해 그 기쁨과 은혜가 더 많은 이들에게 계속해서 흘러가기를 기도하겠습니다. 이 책을 통해 당신이 받은 은혜를 다른 분들에게도 나눠 주십시오. 사랑하고 축복합니다.

ⓒ 1999 by Matt Rawlins
Published In the United States by Amusement Publications
All rights reserved.

Korean Copyright ⓒ 2011 by YWAM Publishing Korea

본 저작물의 한국어판 저작권은 도서출판 예수전도단에 있습니다.
저작권법에 의해 보호받는 저작물이므로 무단 전재와 복제를 금합니다.

이야기로 만나는 정체성의 회복

스스로 이름짓는 자

매트 롤린스 지음
피터 백 옮김

예수전도단

이 책을 나의 아내 셀리아(Celia)에게 바칩니다.
셀리아의 아름다움과 사랑 그리고 우정은
이 세상을 의미 있는 곳으로 만들어 주었습니다.

유능한 편집자이며 작가인 샌디 톰킨스(Sandi Tompkins)와
작가 모임에 감사의 마음을 전합니다.
그들의 도움이 있었기에 이 책을 완성할 수 있었습니다.

여호와 하나님이 흙으로 각종 들짐승과 공중의 각종 새를 지으시고 아담이 무엇이라고 부르나 보시려고 그것들을 그에게로 이끌어 가시니 아담이 각 생물을 부르는 것이 곧 그 이름이 되었더라(창 2:19).

첫 번째
프롤로그

하나님이신 그분이 말씀하셨다.

하나님은 이 세상을 창조한 그분의 말씀을 통해 그 자신을 나타내셨다. 모든 영원한 것이 이에 대해 알고 있다. 그러나 그 누구도 하나님이 위험을 감수하신 사실은 알지 못한다. 하나님은 기꺼이 위험을 감수하셨다. 하나님은 '천사'라고 이름 붙여진 유한한 존재를 말씀으로 창조하셨다. 그것이 바로 그분이 감수하신 첫 번째 위험이다.

　천사들은 하나님 왕국의 일부가 되어, 그분의 영광을 함께 누렸다. 그러나 문제는 일부 천사들이, 영광을 함께 누리는 것에 만족하지 않았다는 것이었다. 그들은 하나님의 모든 영광을 독차지하고 싶어 했다. 이 반항 세력의 리더였던 '루시퍼'는 이름을 '사탄'으로 바꾸었으며, 그 뜻에 동참하기로 결정한 이들 역시 새로운 이름으로 불리게 되었다. 그 이름은 '병약함, 질병, 분노, 시기, 거짓, 증오, 갈등, 고됨'이었으며, 또 다른 이름으로는 '속임, 허영, 절망, 파괴, 음란, 어리석음, 분열, 불신, 소심함'이 있었다.

　타락한 천사들은 결국 하나님의 성에서 쫓겨났다. 우주의 역사 이래 처음으로, 하나님의 창의적인 표현으로 창조된 천사들 중 타락한 천사들은 세상을 이름 지을 수 있는 그들의 능력을 잘못 사용했다. 그들이 새로운 이름으로 선택한 단어들은 현실과 너무나 동떨어진 것들이었다.

이러한 결과는 순전하신 분(The Pure One)께 깊은 상처가 되었다. 다시는 위험을 감수하지 않으실 게 분명했다. 그러나 인간의 생각 너머에 지혜로우신 분(The Wise One)이 계신 것처럼, 그분의 방법 또한 인간의 이해를 넘어선다. 하나님은 또 다른 위험을 선택하셨다. 그것은 바로 '인류 창조'였다. 그분은 한 줌의 흙으로 남자와 여자를 만들고, 그들에게 생명의 호흡을 불어넣으셨다.

아담과 하와는 새로운 세상에서 깨어났다. 그들은 주위의 수려한 장관을 둘러보며 그 아름다움을 만끽했다. 고개를 돌릴 때마다 화려한 색상들이 눈에 띄었다. 사방에서 경쾌한 소리가 들려왔고, 다양한 향기가 풍겼다. 처음 접하는 모든 상황에 그들의 감각이 새롭게 고무되었다. 매 순간 그들은 새로운 세상을 맞이했다.

하와는 *다스리시는 분*(The Sovereign One)에게 다가서서 이렇게 물었다. "당신이 이 모든 것을 지으셨나요?" *살아 계신 말씀*(The Living Word)이 답하셨다. "그렇단다. 이 모든 것이 존재하도록 내가 명령했다. 바로 너희를 위해 창조한 것들이란다."

"저희를 위해 이 모든 것을 지으셨다고요?" 하와가 다시 물었다.

"암, 그렇고 말고. 모두 너희를 위한 것이야. 하지만 아직 미완성이란다. 너희가 마무리해 주면 좋겠구나."

이번에는 아담이 물었다. "정말로요? *완전하신 분*(The Perfect One)이 어떻게 무언가를 미완성으로 남기실 수 있다는 거지요?"

전지(全知)하신 분(The All Knowing One)이 답하셨다. "나는 스스로 있는 자로서, 모든 생명을 창조한 스스로 있는 자란다. 그리고 너희는 나의 형상을 따라 만든, 나의 아들과 딸이야. 너희가 머무는 세상에서, 너희 안에 담긴 나의 형상이 너희를 통해 드러나도록 나의 창조를 미완성으로 남겨 두었던 거란다."

"그러면 저희가 무엇을 하면 되는 거죠?" 아담이 이렇게 다시 질문했다.

삶의 주관자(The Author of Life)가 답하셨다. "모든 생명은 나로부터 시작되었단다. 이 세상의 모든 것이 존재하도록 내가 명령을 내렸다. 오직 너희를 제외하고. 너희는 나의 말이 아닌, 나의 호흡을 불어넣어 만든 존재다. 너희에게 생명을 주려고 나의 일부를 나누어 준 것이란다. 너희 안에 있는 나의 호흡은 언어로 표현되지 않은 나의 말이자, 너희를 향한 나의 선물이다. 그 선물이 무엇인지는 너희의 의지와 믿음을 통해 밝혀질 것이다. 그리고 나의 호흡은 너희의 말을 통해, 창조의 의미와 가치를 담고 있는 요소들로 채워진 이 세상이 어떤 곳인지 알려 줄 거란다."

그리고 겸손하신 분(The Humble One)이 잠시 후 말씀하셨다. "나는 너희를 내 형상을 따라 만들었다. 그래서 너희의 말에 힘이 있는 것이다. 너희는 너희 안에 함께 있는 나의 호흡을 통해 말하게 될 것이다. 이 세상에 있는 모든 것의 이름을 지어 주거라. 나는 아직 들판의 짐승이나 하늘의 새들에게 아무런 이름도 지어 주지 않았단다. 모든 생물에게 각각 그 독자성을 부여하긴 했지만, 그들에게는 아직 이름이 없다. 바로 이것이 너희가 하도록 내가 남겨 둔 것이란다. 이름을 지어 줌으로 나의 창조를 완성하거라."

"그 모든 이름을 우리가 어떻게 지을 수 있을까요?" 아담이 물었다.

"먼저 그들의 독특함과 아름다움, 그리고 삶을 잘 관찰해 보거라. 자세히 살펴보면, 이 세상에서 내가 그들에게 정해 준 각각의 자리를 나타내는 이름을 찾을 수 있을 게다. 너희가 선택한 이름들은 그들의 정체성을 나타내는 최종적인 표현이 될 것이다."

The Wise One
지혜로우신 분이 단호하게 말씀하셨다. "피조물에게 이름을 지어 준다는 것은 그들 위에 너희의 권위가 있음을 의미하는 것이다. 무언가의 이름을 짓는 사람은, 그 이름을 부여한 것에 대한 권위를 갖게 되기 때문이란다. 다만 한 가지 꼭 기억해야 할 사실은 너희 이름만은 건드려선 안 된다는 것이다. 네 스스로 네 이름을 다시 지어서는 안 된다. 너희는 나의 형상을 따라 지음 받았기에, 나는 너희를 나의 아들과 딸로 불렀다. 나는 이미 너희에게 이름을 주었다. 너희의 자리는 미리 정해져 있는 것이란다. 만약 너희가 스스로 이름을 바꾸게 된다면, 너희는 곧 죽게 될 것이다."

아담과 하와는 세상에 존재하는 것들을 탐구하며 이름을 짓기 시작했다. 하나하나 유심히 관찰하여 그들만의 독특한 점을 발견한 후에 각기 이름을 지어 주었다. 그들은 창조의 아름다움과 다양한 창조적 측면이 담고 있는 이 세상과의 고

유한 관계를 입증하며, 이를 영예롭게 여겼다. 아담과 하와는 이런 순전한 기쁨을 마음껏 누렸다.

많은 날이 흘렀다. 뜻밖의 상대가 그들 앞에 나타났다.

하와의 등 뒤에서 한 소리가 들려왔다. 돌아보니, 하와가 그때까지 보았던 것들과는 다른 새로운 존재가 있었다. 그는 미묘한 아름다움을 지니고 있었다.

"안녕하세요, 아가씨." 그가 말을 건넸다.

"미안하지만 내가 당신의 이름을 지어 주었던가요?"

"신경 써 주셔서 감사하지만, 이미 제가 지은 이름이 있답니다. 그런데 아가씨는 누구죠?"

"저는 하와라고 해요. 다스리는 창조주(The Sovereign Creator)의 딸이죠."

"그런데 뭘 하고 계셨나요?" 그가 물었다.

"동물들에게 이름을 지어 주고 있었어요." 하와가 자랑스럽게 말했다.

"그게 다예요?" 그가 따분하다는 표정을 지으며 되물었다.

"그게 다라니요? 무슨 말씀이세요? 지난 시간 이 일을 통해 제가 얼마나 큰 기쁨을 누렸는지 아세요? 더 이상 뭘 바라겠어요?"

"아, 그래요? 잘 알겠습니다. 당신의 이름 짓는 능력은 정말 놀라웠어요. 아주 잘 지으시던 걸요." 그가 하품을 참으며 말했다.

"고마워요." 하와가 답했다.

"다만 제가 보기에 아가씨는 자신의 능력을 잘 모르고 있는 것 같아요."

그 말에 하와가 조심스럽게 돌아보며 물었다. "그게 무슨 뜻이죠?"

"글쎄요. 당신은 동물들에게 이름을 지어 주었지요. 그런데 그 녀석들이 당신에게 어떻게 반응하던가요?"

"매우 신나고 즐거워하던걸요."

"이름을 주었을 때 기뻐했다고요?"

"맞아요. 그것은 제가 이 세상에 줄 수 있는 가장 영광스러운 일인 것 같아요!"

"그렇죠. 모든 피조물은 가장 높은 영광의 자리를 탐하게 되어 있지요."

"가장 높은 영광의 자리를 탐하다니, 그게 무슨 말이에요? 우리가 할 일은 창조주께서 주신 존귀함을 인정하는 것이 아닌가요?" 하와가 다시 물었다.

"이미 다 되어 있는 것에 대한 존귀함을 인정하는 일은 당신 같은 능력을 지닌 사람이 하기엔 너무나도 보잘것없는 일이에요." 그가 유혹하듯 속삭였다. "그 정도 일은 누구나 할 수 있어요. 아까 말했듯 아가씨는 자신의 놀라운 능력을 제대로 사용하지 못하고 있어요. 진정한 이름 주는 이(a true namer)라면, 위대한 이름을 지어 줌으로써 더 위대한 일을 할 수 있지요."

"어떻게 그런 일이 가능하다는 거죠?" 하와가 물었다.

"흠, 어디 봅시다. 아가씨를 예를 들어 설명해 볼게요."

"좋아요."

"아가씨 스스로 자신의 이름을 지었지요, 맞나요?"

"아니요, 저는 할 수 없는걸요." 하와가 반박했다. "오직 아버지(My Father)만이 제 이름을 지으실 수 있어요. 그분은 제 스스로 이름을 지을 수 없다고 하셨어요."

"뭐라고요? 아가씨는 모든 것의 이름을 지어 줄 능력을 가진 존재인데, 자기 이름만은 지을 수가 없다니요?" 그는 잠시 말을 멈추었다가 다시 이어 나갔다. "당신이 이름을 지어 줄 때마다 동물들이 얼마나 즐거워했는지 생각해 보세요. 그때 당신의 기쁨은 정말 컸을 거예요. 하지만 당신은 그보다 더 많은 것을 가질 수 있어요. 그냥 아가씨 이름만 새로 바꾸면 된다고요."

그러자 하와가 단호하게 말했다. "아니요, 그럴 수 없어요. 다스리는 이름 주신 분(The Sovereign Namer)이 분명히 말씀하셨어요. 내가 모든 것의 이름을 지어 줄 수는 있지만, 스스로 내 이름을 지을 수는 없다고요. 아마 내 이름을 바꾸어 버린다면, 나는 죽게 될 거예요."

"아니요! 당신은 결코 죽지 않아요! 아가씨는 하나님의 딸이라고 하지 않았나요? 전능(全能)하신 분(The All Powerful One)이 당신을 자녀로 인정하셨단 말이에요. 그렇다면 당신도 그분과 똑같이 될 수 있어요. 그 사실을 전혀 몰랐나요? 자유롭게 이름 지을 수 있는 기쁨을 왜 놓아 버리려고 하는 거죠?"

"그렇지만 왜 꼭 제 이름을 바꾸어야 하죠?"

"그분이 당신의 이름을 지으실 때 느꼈던 기쁨을 당신도 동일하게 맛볼 수 있기 때문이죠. 당신도 그분처럼 될 수 있는 거라고요."

"아버지가 하지 말라고 하셨는데…, 정말 그 일이 기쁨을 가져다줄 수 있을지도 모르는 거고…." 하와는 깊은 고민에 빠진 듯한 표정을 지으며 말끝을 흐렸다. 그가 다시 말했다.

"어쩌면 그분은 그저 그분의 자녀가 모험을 받아들일 수 있는지 시험해 보고 싶으셨을 수도 있어요. 그래서 하지 말라고 하신 것일 수도 있잖아요?"

"아니에요. 아버지는 그런 모험을 시도하는 것을 원치 않으실 거예요."

"그것이야말로 아버지가 당신에게 줄 수 있는 최고의 선물이라고 생각하지 않나요? 만약 그분이 당신 이름을 마음대로 바꾸어도 된다고 하셨다면, 오히려 스스로 시도해 볼 생각도 하지 않았을 거예요. 아가씨의 아버지는 어제나 오늘이나 여전히 동일하신 분이에요. 가장 위대한 이름 짓는 사람이 되려면, 자신의 이름도 새롭게 지어 주는 모험을 반드시 감수할 수 있어야 한다고 생각해요. 자기 이름을 마음대로 바꿀 수 있는 자유보다 더 큰 기쁨이 어디 있겠어요?"

"전 아직 아무것도 확신하지 못하겠어요. 아버지가 금하신 것을 거역하는 일이 그렇게 기쁜 일일까요?"

"만약 아가씨가 스스로 이름을 짓게 된다면, 아가씨 자신을 통제할 수 있는 힘을 갖게 될 거예요. 누군가의 이름을 짓는 사람은 그 이름에 대해 위대한 권력을 갖게 된다고요! 알겠어요? 오직 위대한 이름 짓는 사람만이 자신의 이름을 지을 수 있어요. 당신은 바로 그런 위대한 이름 짓는 사람이 되는 기쁨을 맛보게 될 거라고요."

"잠깐만요, 당신이 뭔가 잘못 알고 있는 것 같아요. 아버지께서 내게 그런 규정들을 주신 이유는 나의 능력으로는 이해할 수 없는 무언가가 있기 때문이라고 생각해요. 그래서 내가 모든 것을 알 수 없는 거죠. 그분은 내가 이해할 수 없을 만큼 경이롭고 위대한 분이에요. 그렇다면 내가 그분처럼 된다 하더라도 나는 결코 그 모든 것을 이해하지 못할 거예요. 그분을 더 이해하기 위해 내가 누구인지 깨닫는 데만 영원이란 시간이 필요했을 걸요. 오히려 이런 것들이 그분과 내가 놀랍고도 친밀한 관계를 맺게 해주지 않았을까요?"

그는 가소롭다는 듯 하와를 조롱하더니, 급하게 말을 이어 나갔다. "오직 자신을 묶고 있는 규정들에서 벗어나는 자만이 위대해질 수 있다고! 진정한 이름 짓는 이에게는 어떤 규정도 있을 수 없지. 결국 당신은 창조라고는 흉내조차 못 내는 빈껍데기일 뿐이라고!"

미혹하는 말들이 하와를 향해 쏟아져 내렸다. 어떠한 방해도 없이 그는 말을 이어 나갔다. 필요하다면 몇 천 번이라도 반복하며 말을 쏟아 낼 기세였다.

결국 대화는 심각한 상황으로 치달았고, 마침내 아담과 하와가 이름을 바꾸기에 이르렀다. 그리하여 그들은 악을 경험하게 되었다.

"아담, 우리가 무슨 일을 저지른 거죠? 지금 제 안에 가득한 이러한 감정들이 다 무엇일지 모르겠어요. 벌거벗은 것 같고 수치스럽고 금방이라도 깨져 버릴 것 같고 불결해요. 정말 무서워요." 속임 당한 자 [the deceived one] 하와가 자신을 가리기 위해 나뭇잎을 모으며 말했다.

반항한 자 [the defiant one] 아담은 머뭇거리다 결국 입을 열었다. "우리는 창조주 하나님을 대적했어. 우리 안에 있던 그분의 호흡도 사라져 버렸어. 내가 얼마나 어리석은 일을 저질렀는지 이제 알겠어. 꽃의 향기가 자신이 더 중요하다며 꽃을 향해 대든 것과 똑같아. 우리 자신의 이름을 지으려고 주장했던 자유는 결국 우리를 죽음으로 내몰고 말았어."

순간, 익숙한 발소리가 들려왔다. 이내 그들의 몸이 얼어붙었다. 하나님이 오신 것이다. 아담과 하와는 처음으로 두려움에 떨며 숲으로 달려가 나무 뒤에 몸을 숨겼다.

과연 다스리는 이름 주신 분 [The Sovereign Namer]은 그분의 가족이었던 자들이 그분을 대적한 것에 대해 뭐라고 하실까?

^{The Broken One}
상심하신 분이 아담을 부르셨다. "아담아, 어디 있느냐?"

숲에서 아담의 목소리가 흘러나왔다. "하나님이 오시는 소리를 들었습니다. 그런데 제가 벗고 있는 것이 너무 두려워서 나무 뒤에 숨어 있습니다."

^{The Loving One}
사랑이신 분이 물으셨다. "네가 벗었다고 누가 그러더냐? 나의 권위에 대항하여 너의 이름을 바꾼 것이냐?"

아담은 ^{The Just One}**공의로우신 분**께 반항하며 변명했다. 그는 자신의 책임을 하나님 그리고 죄책감에 사로잡혀 있는 하와에게로 돌렸다. "하나님이 제게 주신 저 여인이⋯." 그는 잠시 우물쭈물하더니 손을 들어 하와를 가리켰다. "속임을 당한 저 여인이 이름을 바꿨습니다. 저는 마지못해 따른 것입니다."

그들의 선택에 따라, 그리고 우리의 선택에 따라 이 세상

이 결정되었다.

　이제 모든 인류는 '방향을 잃어버린 이 재능을 어떻게 할 것인가'라는 과제를 안게 되었으며, 이에 관한 질문들을 제기하고 있다.

　우리가 누구인지 제대로 알지도 못하면서 우리 자신을 새로운 존재로 만들어 보려고 하는 것은 결코 쉬운 일이 아니다. 그것은 마치 스스로 빛을 만들어 낼 수 없음에도, 어둠 속에 갇힌 채 무언가를 계속해서 보려고 애쓰는 것과 같다.

우리는 어떤 존재인가?

과연 이름이 우리의 정체성이 될 수 있는가?

이 세상을 이름 지을 수 있는 능력은 마치 왕이나 여왕이 걸치고 있는, 아름다운 깃털로 장식된 망토나 숄 같은 것이라 할 수 있다. 망토를 두른다고 누구나 왕이나 여왕이 될 수 있는 것은 아니지만, 그것은 그들이 누구인지 확실히 구별시켜 준다. 그리고 그들에게 아름다움과 영예와 영광을 더해 준다. 우리의 이름 짓는 재능 역시, 하나님의 형상을 잘 간직하고 세상을 다스리는 역할을 제대로 수행하는 사람에게 아름다움과 영예를 더해 주는 것이다.

그런데 우리는 이런 재능을 어떻게 했는가?

우리는 자신을 위해 이 재능을 사용했다. 우리는 자신에게 위대한 이름을 주려고 안간힘을 다했다. 그러나 우리의 이러한 노력들은 우리 모두에게 큰 아픔과 고통을 가져왔다. 이름 짓는 재능은 더 이상 우리의 진정한 정체성을 확증해 줄 수 없다. 그 대신 우리는 숨기 위해 이 재능을 이용한다. 영광을 더하는 게 아니라 감추려고 한다. 결국 망토가 은폐의 한 수단이 되어 버린 것이다.

이를 이해하는 데 다음 예가 도움이 될 것이다. '스타 트렉'(Star Trek, 미국의 TV 시리즈)에 나오는 클린공 부족(The Klingons)의 전함에는 우주선을 감춰 주는 특별한 장치가 있다. 이를 은폐 장치라 부른다. 우주선이 보이지 않게 해주는 것이다.

좀 더 단순한 예를 들어 보겠다. 해변에 한 여성이 무릎까지 내려오는 헐렁한 티셔츠를 입고 서 있다. 그 티셔츠에는 수영복 차림의 늘씬한 여성이 그려져 있다. 우리는 그 그림을 볼 수 있지만, 티셔츠 속 여성의 몸매는 볼 수 없다. 그 여성이 그림과는 전혀 다른 몸매를 지니고 있을 수도 있다. 티셔츠에 대한 재미있는 상상과 우주 전함의 은폐 장치는, 우리가 이름 짓는 재능을 어떻게 사용하고 있는지 보여 준다. 우리는 자신을 다른 존재로 여기거나 은폐함으로써, 진정한 정체성을 숨기려고 한다.

지금, 이름 지을 수 있는 능력은 우리의 진정한 정체성을 나타낸다기보다는 우리를 보호하거나 감춰 버리거나 다른 사람들에게 보여 주기 위한 이미지를 만들어 내는 데 사용되고 있다.

1부

1장

여느 때와 마찬가지로 사울은 잠자리에서 일어나 아침을 먹고 있었다. 그때 아버지가 부엌에 들어와 물었다. "사울아, 당나귀들이 어디 있는지 보았니?"

"제 주위에는 없었어요. 오늘 아침에는 한 마리도 보지 못했는걸요." 사울은 귀찮다는 듯이 말했다.

"그래? 아무래도 그 녀석들을 잃어버린 것 같구나. 종들에게 물어보았는데 항상 풀을 뜯던 곳에도 없었다고 하더구나. 종 하나를 데리고 가서 당나귀들 좀 찾아보거라."

"예, 알겠어요."

사울은 종과 함께 들판으로 향했다. 뭔가 단서라도 찾고자 샅샅이 찾아봤지만, 아무것도 발견하지 못했다. 며칠 동안 사방을 돌아다니며 당나귀들을 찾았지만, 모두 헛수고였다. 그렇게 다니다 불현듯 이제 아버지가 나귀들보다는 돌아오지 않는 자신에 대해 더 걱정하고 있을 거라는 데 생각이 미쳤다. 그는 최후의 수단으로 근처에 있는 선지자를 찾아가 도움을 청하기로 했다.

그 선지자의 이름은 사무엘이었다. 선지자는 사울이 상상도 못할 일에 대해 알고 있었다. 바로 사울이 이스라엘의 새로운 왕이 될 거라는 사실이었다. 이스라엘 백성은 새로운 통치자를 원하고 있었다. 그들은 더 이상 자신들이 본받고 따라야 할 모델로 하나님을 삼는 것을 원하지 않았다.

하나님은 사울이 이스라엘의 새로운 왕이 되리라는 사실을 그에게 전해 주시고자, 당나귀를 이용하여 그를 사무엘에게로 이끄셨다. 사울은 이스라엘 민족 중에 거하는 새로운 하나님의 모델로서 이스라엘 백성에게 주어졌다.

"선지자님, 한 가지만 부탁드려도 될까요?" 사울이 사무엘에게 물었다.

"말해 보시오." 사무엘이 답했다.

"저희 집 당나귀들을 잃어버렸습니다. 그 녀석들을 찾기 위해 안 다닌 곳이 없습니다. 도움만 주신다면 사례를 꼭 하겠습니다. 주님께 물어보셔서 당나귀들이 지금 어디에 있는지 알려 주시겠어요?"

그러자 사무엘이 단호하게 이렇게 말했다. "당나귀들은 모두 집에 있으니 걱정하지 마시오. 그보다는 당신에게 전해야 할 주님의 말씀이 있소. 당신은 바로 온 이스라엘이 간절히 원하는 사람이오."

사울은 기가 막혔다. "뭐라고요? 지금 농담하시는 거죠? 저는 이스라엘의 가장 작은 지파 사람입니다. 저희 가족은 그중에서도 제일 보잘것없는 가문의 사람들이고요. 아무래도 사람을 잘못 보신 것 같은데요."

이에 사무엘이 고개를 저으며 대답했다. "당신은 이스라엘에서 가장 키가 크고 훌륭한 외모를 가진 청년이오. 사람들은 강하고 멋진 왕을 간절히 원하고 있소. 그래서 하나님은 당신에게 그 역할을 맡기기 위해 당신을 선택하셨소."

사무엘은 사울의 머리에 기름을 부으며, 하나님이 기적을 베풀어 이를 확증해 주실 것이라고 설명했다.

"사울, 시간이 지나고 나면 알게 될 것이오. 그 후에는 상황에 따라 당신이 결정하고 행동하면 되오. 하나님이 당신과 함께하실 것이오. 내가 당신에게 갈 때까지 7일 동안 꼭 기다려 주시오. 그때 당신이 해야 할 일을 알려 주겠소."

　사무엘과의 대화는 사울에게 혼란을 가져다주었다. 사울은 단지 아버지의 당나귀들을 찾고 싶었을 뿐이었다. 그런데 사무엘은 그가 왕이 될 것이라는 놀라운 얘기를 했다. '내가? 이렇게 작고 보잘것없는 나 사울이 왕이 된다고?' 사무엘의 말들이 그의 머릿속을 맴돌았다.

　혼란스러운 마음 이면에 사울은 날아갈 것 같은 홀가분함과 자유를 느꼈다. 어떤 무거운 것이 자신에게서 떨어져 나가는 것 같았다. 비천함이 가져온 중압감과 스트레스가 사라졌다. 이윽고 다스리는 이름 주신 분(The Sovereign Namer)이 속삭이셨다. "너는 나의 사랑하는 자요, 선택받은 자로다. 너는 나의 형상을 간직한 자다. 내가 너와 함께하겠다." 사울은 누가 말하는지 보려고 주변을 둘러보았다. 그 주변에는 아무도 없었지만, 그는 말씀하신 이가 누구인지 알 것 같았다. 그분이 바로 자기 자신 안의 깊은 마음 가운데 계신 하나님임을….

사울은 이스라엘 백성 앞에서 하나님의 존재를 드러냈다. 그는 잠시 멈추어 서서, 처음으로 자신을 둘러싼 창조물들을 바라보았다. 그리고 그 안에서 자신의 역할에 대해 깨달았다. 그는 자신에게 이름 짓는 자로서의 은사가 있음을 발견했다. 사울은 자신의 주변 세계를 보고 느끼고 들을 수 있었다. 이를 바탕으로, 세상에 대해 이해할 수 있었다. 하나님의 호흡이 그에게 있었고, 하나님의 형상을 담고 있었기 때문이다.

사무엘이 예언했던 사건들이 하나씩 이루어졌다. 사울은 아버지의 당나귀들이 안전하다고 말하는 사람을 만났고, 선물을 받았다. 그리고 산에 이르렀을 때 한 무리의 예언자들을 보았고, 그들과 함께 서서 예언을 하기 시작했다. "그렇다. 하나님이 사울과 함께 계셨다."

사울은 혼란스러운 마음으로 집으로 걸어갔다. '어떻게 이런 일이 일어날 수 있지?' 그날 일어난 일이 놀라웠다.

마침내 집으로 돌아온 그는 제일 먼저 삼촌을 만났다. 사울이 뭔가 평소와 다르다는 것을 느낀 삼촌이 물었다. "무슨 일이 있었던 게냐? 사무엘 선지자께서 너에게 뭐라고 했는지 말해 보거라."

기름부음 받고, 사랑받은 자 (the anointed, the beloved one) 사울은 사무엘이 자신을 새로운 왕으로 기름부은 것에 대해 이야기하려고 했다. 이야기를 막 시작하려는데, 삼촌의 눈이 보였다. 냉담한 눈빛, 의심의 눈초리였다. 기름부음 받은 자 (the anointed one) 사울은 망설였다. 하나님이 하신 일들, 그 자신의 경험 그리고 비천함의 감정 때문에 사울은 혼란스러웠다. 하나님의 관점보다는 가족과 자신의 관점을 따르는 편이 더 안전하고 간단해 보였다. 그래서 사울은 이렇게 말했다. "삼촌, 사무엘 선지자님은 당나귀들이 안전할 거라고 말씀하셨어요." 사울은 자신이 새로운 왕이 될 거라는 사실에 대해서는 언급하지 않았다. 아마 삼촌은 그 말을 믿지 않았을 것이다.

가장 놀라운 기적은 진리이신 분(The Truthful One)이 사울의 마음에 변화를 가져온 것이다. 하나님은 그에게 새로운 마음을 주셨다. 이 이야기에 따르면, 하나님은 사울에게 그의 진정한 정체성에 대해 보여 주셨다. 그분이 직접 개입하셔서, 사울에게 새로운 기회를 주신 것이다.

여기서 기회란 무엇을 의미하는가? 우리는 하나님의 관점을 잃어버렸다. 지금 우리는 타락한 세상에서 갈등하며 살아가는 삶에 익숙해져 있고, 하나님이 우리를 창조하실 때의 본래 의도를 제대로 볼 수 없게 되었다. 하나님의 계시 없이 우리 실체를 이해하기란 불가능하다.

The Gracious One
은혜로우신 분은 사울에게 새로운 삶과 자신의 정체성을 깨달을 수 있는 기회를 주셨다. 하나님이 사울에게, 아직 완성되지는 않았으나 우리 각자의 인생의 여정 중에 찾아가야 하는 완전한 정체성을 주셨다.

하나님은 '우리는 누구인가'라는 질문에 대한 답을 통해 출발점을 이끌어 내셨다. 사울이 사무엘을 만나고 나왔을 때, 하나님은 기적들을 보여 주심으로 그분의 계획을 증명해 보이셨다. 그리고 사울이 새롭게 시작할 수 있도록 그의 정체성을 바꾸어 주셨다.

The Long Suffering One
오랫동안 고통 받은 분은 우리에게 새로운 정체성을 주실 수 있다. 그러나 그분은 그것을 우리에게 강요하실 수 없다. 그 모든 것은 우리에게 달려 있다. 정체성이라는 것은 부품을 교체하듯 간단히 바꿀 수 있는 것도, 홀로 내버려 두어서도 안 되는 것이다. 그것은 조심스레 보살펴야 하는, 살아 있고 성장하는 '삶'이다.

모든 생명은 발달과 생존을 위해 음식을 섭취해야 한다. 정체성 역시 그렇다. 잘 자라고 생존하도록 잘 돌보며 먹을 것을 주어야 한다. 그것이 바로 우리가 해야 할 일이다. 그러나 이것은 우리가 우리 육체나 식물 등의 성장을 위해 자양분을 공급하며 돌보는 것과는 다르다. 우리의 존재적 경험으로는 감당할 수 없는 것이기 때문이다.

사울은 자신의 정체성을 어떻게 돌보았는가?

사울에게 새로운 정체성을 주신 분은 비록 하나님이시지만, 사울은 이를 굶주려 죽게 내버려 두거나 예전과 같은 비천한 상태로 되돌릴 수 있다. 왜냐하면 우리의 정체성은 우리가 돌보아야 하는 사고, 신념, 경험들을 먹고 자라기 때문이다. 사울은 하나님이 제안하신 계획을 도저히 용납할 수 없었다. 그래서 그는 오직 자신의 생각과 경험이 제공하는 것을 통해 정체성을 지탱했다. 그러나 이는 새로운 정체성을 죽이는 일이었다.

하나님이 주시는 양식(하나님의 형상을 담고 있고, 우리의 정체성이 잘 자라게 하며, 우리의 진정한 이름을 확고하게 해주는 유일한 음식)은 하나님이 어떤 분이신지 바르게 이해하게 해준다. 그것만이 우리를 살아가게 하는 유일한 양식이다. 그 외에 다른 것들은 우리를 굶주리게 하여, 결국 죽게 할 것이다.

만약 우리의 생명을 유지하는 데 필요한 유일한 양식의 공급원을 거부한다면, 우리는 자신을 스스로 돌보려 했던 노력의 결과로 '죽음'을 받아들여야만 한다. 그러나 우리가 겸손히 하나님의 위대하심과 선하심을 간절히 찾고 구하면, 우리 안에 있는 하나님의 형상은 잘 자라서 굳건하게 될 것이다.

이스라엘 백성을 위한 왕을 공식적으로 선출하기 위해, 사무엘은 모든 지파를 불러 모았다. 그리고 인내하시는 분(The Patient One)이 왕으로 선택하신 사람을 찾기 위해 제비를 뽑았다. 마침내 사울이 선택되었다.

"사울은 어디에 있느냐?" 사무엘이 물었다.

사람들은 주위를 둘러보며 사울을 찾기 시작하더니, 한목

소리로 외쳤다. "그는 여기에 없습니다."

사무엘은 그가 어디에 있는지 하나님께 물었다. 그런데 들려오는 하나님의 음성이 참 이상했다. "그는 짐 보따리 사이에 숨어 있다."

사무엘이 중얼거렸다. "왕이 있기엔 좀 우스운 곳이군."

기름부음 받은, 보잘것없는 자 *the anointed, the insignificant one* 사울은 짐이 쌓여 있는 수레들 사이에 누워 숨어 있었다.

사울은 자신을 그곳까지 이끈 사건들을 이해할 수 없었다. '어떻게 나에게 이런 일이 생길 수 있지? 나는 왕이 되기를 바란 적도 없었는데 말이야! 저들은 나를 삼촌처럼 바라볼 거야. 내가 누구인지 물어볼 텐데, 대답하기가 너무 두려워. 나는 내가 얼마나 부족한 사람인지 스스로 잘 알고 있어. 저들이 그 사실을 알게 된다면, 내가 왕이 되기에는 적합하지 않다고 말할 거야.'

사람들이 그를 데리러 오는 소리가 들렸다. 그는 잡힐까 두려워 더욱 몸을 낮추었다. 그러나 사람들은 그를 찾아냈다. 그리고 키가 크고 잘생긴 그의 외모를 보더니 한목소리로 이렇게 외쳤다. "우리 왕, 만세!"

사울에게는 우리가 모두 갖고 있는 문제가 있었다. 하나님은 그에게 새로운 정체성을 주셨지만, 그는 여전히 과거에 얽매여 있었다. 자신의 상황을 극복해 보려 스스로 이름을 짓고자 갈등했던 과거에 대한 생각, 믿음, 고통스러운 경험, 기억을 여전히 간직하고 있었다. 그의 마음속에서는 이런 경험들과 생각들이 충돌하고 있었다. 사울은 누구를 신뢰해야 하는 것일까? 자신의 삶에서 경험하고 느꼈던 것을 신뢰해야 할까? 아니면 하나님이 말씀하신 것을 신뢰해야 할까?

이것은 대부분 사람이 직면하고 있는, 해결하기 어려운 공통 과제이기도 하다. 사울은 이 문제를 어떻게 해결했을까?

'나는 누구인가' 즉, 정체성에 관한 질문은 사울에게 가장 처음으로 그리고 가장 강하게 영향을 끼친 가족과 문화가 지어 준 이름에서 시작되었다. 그는 모든 지파 중 가장 작은 베냐민 지파 사람이었다. 또한 그의 가족은 베냐민 지파 중에서도 가장 내세울 게 없는 이들이었다.

그가 지은 이름을 간단히 추론해 보면 다음과 같을 것이다. "나는 가장 작은 지파에서, 그리고 가장 별 볼 일 없는 집안에서 태어났다. 그러므로 나는 작고 비천한 사람이다."

이것이 가장 큰 문제를 만들었다. 하나님은 사울이 가진 정체성과는 정반대로 그를 보셨다. 그러나 사울은 자신이 경험하고 느꼈던 일생에만 집중하여 되돌아보았다. 그때까지 느껴 왔던 감정들에 기초하여, 자신은 작고 보잘것없는 사람이라고 받아들였다. 하나님보다 자신을 더 신뢰하기로 결정한 것이었다. 결국 그는 자신에 대해 가장 잘 아는 이는 자신뿐이라고 생각했다.

사울의 복잡한 생각과 감정들은 그를 짓눌렀다. 모든 사람이 그를 찾아와 영광을 돌리려 하자 그는 두려움에 사로잡혔고, 짐 보따리 속으로 숨어 버렸다.

어떻게 작고 비천한 인간이 왕이 될 수 있는지, 어떻게 자신이 하나님의 형상을 따라 만들어졌다고 하는 것인지 그는 혼란스럽고 당황스러웠다. 그의 마음 깊이 잠재된 감정들은 '나는 영광 받을 만한 자격이 전혀 없는 사람이야'라고 생각하게 만들었다.

그는 그의 진정한 정체성을 받아들이도록 설득하시는 하나님을 바라보았다. 그러나 그는 하나님을 밀쳐 내며, 그것은 사실일 수 없다고 논쟁했다. 이제 사울은 현실과 자신의 새로운 이름 사이에서 어느 것을 선택할지 결정해야만 했다.

 하나님은 이전에 사울이 가지고 있던 이름보다 더 큰 계획을 가지고 계셨다. 지구상에서 찾을 수 있는 그 어떤 것보다도 훨씬 위대한 새로운 정체성을 그에게 주실 계획을 갖고 계셨다.

the anointed, the insignificant one
기름부음 받은, 보잘것없는 자 사울은 잠에서 깨어 침대에 일어나 앉았다. 또다시 같은 악몽을 꾸고 말았다. 그는 이마에 흐르는 식은땀을 닦아 내며 다시 자리에 누웠다. 그의 머릿속은 온통 계속 반복되는 악몽에 대한 생각으로 가득했다. '나는 나 자신을 발견하기 위해 간절히 빛을 찾아 헤매고 있었어. 내가 빛 속으로 걸어가자 그림자가 나에게서 떨어져

나가 버렸지. 그림자는 정말 작고 볼품없었어. 그런데 그림자는 나를 조롱했어. 장대하고 멋있는 모습에서 이토록 작고 보잘것없는 그림자가 나왔다면서. 나는 그림자에게서 도망치려 돌아섰지. 내가 도망칠 수 있는 곳은 오직 하나, 바로 어둠 속 뿐이었어. 그곳만이 그림자가 없는 유일한 장소였으니까. 하지만 나는 결국 어둠 속에서 길을 잃고 말았어.'

사울은 그림자에게서 돌아섰던 것처럼 몸을 돌려 누웠다. '내가 만약 어둠 속에서 살아간다면, 나는 외로이 길을 잃어버리게 될 거야. 그리고 누구도 나를 볼 수 없게 되겠지. 도대체 내가 누구인지 어떻게 알 수 있을까? 나에 대한 사람들의 평가를 들어보면 알 수 있을까? 아니면 내 가족과 문화 안에서 경험했던 나의 과거를 통해서 알 수 있을까? 분명 하나님은 내 속에 무엇이 있는지 다 알고 계셔. 그런데도 어떻게 나를 사랑하실 수 있다는 거지? 내 안에 무엇이 있는지 내가 잘 알고 있는데, 어떻게 이런 나를 용납할 수 있다는 거지?'

그림자란 무엇인가?

타락한 세상에서 우리의 조상은 우리에게 그림자를 전달했다. 그 그림자는 사울 자신의 이미지였다. 작고 형편없는 존재라고 느꼈던 그의 외로운 감정이었다. 그것은 결코 인식하고 싶지 않았던, 자신의 정체성에 대한 사울만의 대답이었다. 사울의 그림자는 그의 이름이 작고 비천하다는, 고통스러운 거짓말이었다. 슬프게도, 타락한 세상에서 우리는 모두 사울처럼 자신에 대한 고통스러운 이미지(실은 모두 거짓인)를 안고 살아간다.

어느 날, 이스라엘과 인접해 있는 소수의 적대 세력이 길르앗의 야베스를 포위했다. 그들은 오만하게 주장했다. "어서 항복해라. 그렇지 않으면, 우리가 너희의 주인임을 증명하기 위해 모든 마을 사람의 오른쪽 눈을 뽑아 버릴 것이다."

야베스의 장로들이 대답했다. "우리에게 시간을 7일만 주시오. 당신들의 제안을 잘 생각해 보겠소. 이스라엘 곳곳으로 전령을 보내어 도움도 요청할 것이오. 만약 아무도 우리를 구하러 오지 않는다면, 곧바로 항복하겠소."

그들은 동의했고, 7일의 기다림이 시작되었다.

기름부음 받은, 보잘것없는 자 _{the anointed, the insignificant one} 사울이 이 소식을 들었을 때, 하나님의 영이 그에게 강하게 임하였고 그는 격분했다. 그는 자신의 황소를 토막내어, 그것들을 이스라엘의 모든 지역으로 보내며 이렇게 말했다. "우리 형제들을 도우러 오지 않는 자들의 소는 모두 이와 같이 될 것이다."

극심한 두려움이 백성에게 임하였고, 그들은 앞다투어 새로운 왕에게로 달려 나왔다.

전쟁이 벌어졌다. 그리고 그들은 첫 번째 승리를 거두었다. 드디어 왕국이 세워진 것이었다. 정말 달콤한 승리였다. 사람들은 크게 기뻐했다. 그리고 하나님께 감사의 제사를 드렸다. 모든 것이 순조롭게 진행되었다.

사람들이 그들의 새로운 왕 앞으로 나와 외쳤다. "우리를 다스리는 기름부음 받은, 아름다운 자 the anointed, the beautiful one 사울을 원하지 않는 쓰레기 같은 녀석들이 누구냐? 새로운 왕에 대한 우리의 충성을 보여 주기 위하여 그들을 찾아내어 없애 버리자."

그러자 사울이 나서며 이렇게 말했다. "나의 백성이여, 경솔히 행하지 마시오. 나를 섬기고 왕국을 세우고자 하는 여러분의 간절함을 내가 들었소. 주께서 우리에게 주신 승리를 다 같이 축하합시다."

사울은 사람들과 함께 기뻐하는 한편, 자신이 보지 못하는 것을 사람들이 보고 있다는 사실에 적잖이 놀랐다. 그는 내적으로 자신이 특별하기는커녕 너무 작은 사람임을 알고 있었다. 그러나 외적으로 그는 왕이었고, 많은 백성의 사랑을 받는 사람이었다. 사람들은 그를 송축했다.

사울은 사람들이 자신을 그들의 새로운 왕으로 세우며, '승리자', '강한 용사', '정복자'와 같은 새로운 이름으로 부르는 것을 들었다. 나라 전체가 왕을 새롭게 이름 짓는 달콤한 유혹은 현기증이 날 정도로 아찔했다. 이것은 마치 얼어 죽어 가는 누군가에게 온기와도 같은, 목마른 영혼에게는 생수와도 같은, 그리고 질식할 것 같은 누군가에게는 신선한 공기와도 같은 것이었다.

그러나 때로 '내가 이런 대접을 받아도 괜찮을까? 저 사람들을 믿어도 될까? 저들은 정말 내가 어떤 사람인지 알고 있을까?'라는 대수롭지 않은 질문들이 그 기쁨의 순간들을 훔쳐 가려는 듯 그를 위협했다. 그러나 그는 즉시 이런 생각들을 떨쳐 버리려 애썼다.

사울은 살아 있음을 느끼며 그 이름의 힘을 즐겼다. 그는 많은 사람에게 사랑과 존경을 받았다. 그는 사람들이 불러 주는 그의 이름들을 받아들이기로 했다. 사울은 자신의 외로운 감정과 형편없는 모습(그의 그림자)을, 자신을 향한 사람들의 칭송과 사랑이라는 이름 뒤에 숨겨 놓기로 결정했다.

첫 번째 승리에 흥분한 사울과 백성은 큰 기쁨에 취해 있었다. 그들은 큰 용기를 얻었다. 이내 사울은 군사를 모았다. 수많은 사람이 몰려들었지만, 사울은 3천 명을 제외하고는 모두 집으로 돌려보냈다.

사울의 군대 중 그의 아들 요나단이 이끄는 적은 무리가 충만한 용기를 안고 나아갔다. 그들은 가장 가깝고도 거대한 이웃인 블레셋의 전초기지를 공격했다. 하나님이 그들과 함께하셨고, 그들은 작은 군부대를 완패시켰다. 이 반란을 잠재우고자 블레셋은 하나의 군대로 뭉쳐 일어섰다. 그들은 전투를 위해 3만 대의 병거와 6천 명의 기마병, 그리고 셀 수 없을 정도로 많은 사람을 모았다. 지나칠 정도로 큰 군대였지만, 전투에서 싸워 이기기 위한 그들만의 한 방법이었다.

거대한 군대가 몰려오는 것을 보자, 그제야 이스라엘 사람들은 자신들이 가진 것은 칼 몇 자루뿐임을 깨달았다. 블레셋 군대의 강함에 비추어 자신들의 현실을 바라본 이들은, 이내 목숨을 건지기 위해 도망하기 시작했다. 하나님과 그들의 왕은 전혀 생각나지 않았다. 어떤 이들은 동굴로, 어떤 이들은 숲으로, 어떤 이들은 절벽으로, 또 어떤 이들은 지하 저장고나 구덩이 속으로 몸을 숨겼다.

사울은 길갈에서 기다리라고 했던 사무엘의 말을 떠올렸다. 사무엘이 도착할 때가 되었지만, 그곳에 도착한 것은 블레셋의 군대뿐이었다.

기름부음 받은, 보잘것없는 자 the anointed, the insignificant one 사울은 또다시 절망적으로 소리쳤다. "그는 대체 어디에 있는 것이냐? 이곳으로 올 것이라고 했는데, 여기에 없지 않느냐. 도대체 사무엘은 어디에 있느냐?"

사울 주위에 있던 자들이 대답했다. "왕이시여, 그를 본 자가 아무도 없습니다. 그가 어디에 있는지 모르겠습니다."

사울은 자신을 칭송하고 지지하던 사람들이, 눈 깜짝할 사이에 도망해 버린 것이 못마땅했다. "저들이 어디로 가는 것이냐?" 도망하고 있는 병사들을 가리키며 사울이 물었다.

"왕이시여, 저들은 안전한 곳을 찾고 있습니다." 사울의 보좌관이 답했다.

여러 가지 생각이 사울의 마음을 두렵게 만들었다. '백성이 모두 도망가고 있어. 나는 곧 명성을 잃게 될 거야. 다시 보잘것없는 사람으로 돌아가고 말 거야.'

사울은 불안한 시선으로 주위를 둘러보았다. 땀이 비오듯 흘러내렸다. 미간에 주름이 깊게 패이고, 초조함과 두려움으로 동공이 흔들렸다. "사무엘은 내게 기다리라고, 그가 와서 제사를 드리겠노라고 말했지. 그러고 나서 내가 무엇을 해야 할지 지시할 것이라고. 그런데 더는 기다릴 시간이 없어. 백성은 모두 떠나 버렸고 나는 곧 죽게 될 텐데…. 안 되겠다. 번제물을 가져오너라! 내가 직접 제사를 드리겠노라."

이전의 사울은 사람들이 빠져나가는 것에 조금도 개의치 않았던 사람이었다. 그의 관심은 오직 사람들이 자신의 이름을 대변하는 것뿐이었다. 사울은 그를 경배하는 사람들에 의해 자신을 정의하고 보호해 왔다. 그런데 지금 사람들이 그를 떠나가고 있다. 이제 그는 자신의 새 이름이 주는 달콤함을 잃게 될 것이 분명했다. 다시 작고 연약한 자로 돌아가게 될지도 몰랐다. 성공과 사람들의 인기를 경험해 본 사람은 그것을 잃는 것을 견디지 못한다. 사울이 직면하기에는 그것은 너무 가슴 아픈 고통이었다. 그는 자신의 새 이름을 지키기 위해 무엇이든, 어떤 것이든 해야 했다.

비록 하나님의 말씀을 거스르는 일일지라도….

'그래. 반드시 지켜야 하는 것을 어겨야 할지라도, 나는 내 이름을 지켜야 해.'

사람들의 도움이 절실했다. 자신을 떠나 도망치는 사람들을 바라보는 고통 속에서 그는 한 가지 의문을 품었다. '어쩌면 다른 사람들이 주는 이름으로 자신을 정의하는 것은 좋지 않을 수 있다. 사람들의 칭송은 바람결에 일순간 사라져 버리는 연기와 같다.'

사울이 제사를 드린 직후, 사무엘이 도착했다. 사울의 어리석은 행동에 대해 전해 들은 사무엘이 말했다.

"당신은 정말 바보 같은 짓을 했소. 그리고 하나님이 명하신 것도 지키지 않았소. 주님은 당신의 왕국을 이스라엘 위에 영원토록 세우기를 바라셨소. 그러나 이제 당신의 왕국은 더 이상 지속되지 못할 것이오."

그의 심판은 너무 가혹해 보였다. 사울의 지도력에 임하였던 하나님의 축복이 떠나갔다. 하나님은 그분의 마음에 합당한 새로운 왕을 찾으셨다.

왜 이런 일이 벌어졌을까?

사람들의 지속적인 충성을 위해 과감하게 결정한 것이 왜 잘못이란 말인가? 어차피 그는 왕이지 않은가?

그렇지 않다. 이는 행위 자체에 대한 말이 아니다. 분명한 것은, 하나님은 외적인 것으로 우리를 판단하지 않으신다는 것이다. 그분은 우리의 마음을 살피신다.

리더는 하나님이 주신 재능을 마음껏 펼치도록 기름부음 받은 이름 짓는 자들이다. 그래서 그들은 하나님이 어떤 분이신지, 무엇을 원하시는지에 대한 새로운 이해를 만들어 낼 수 있다.

한 집단의 사고 체계는 제한적이고 편협한 경향이 있다. 그래서 시간이 지날수록 진부해진다. 그렇기 때문에 그분에 대한 새로운 계시가 필요하다(비록 그분이 변함없는 동일한 분이라 할지라도). 하나님은 삶을 통해 그분에 대해 계시해 줄 리더를 세우신다.

리더는 하나님이 어떤 분이신지, 그리고 하나님과 우리의 관계는 무엇인지 명확하게 제시한다. 끊임없이 변하는 세상 속에서 살아가는 우리에게는 하나님과 더욱 깊어지고 새롭게 되는 관계가 지속적으로 필요하다.

대체 무엇이 사울에게 미치는 하나님의 영향력과 리더십의 기한을 제한하도록 만든 것인가? 본질적으로 사울은 하나님을 신뢰하지 않았다. 그는 자신의 능력과 경험을 신뢰했다.

우리의 감정과 경험에 기초하는 세계관은, 어떤 것의 이름에 대한 최종 권위를 의미한다. 즉, 사울은 자신의 감정과 경험 그리고 이름 짓는 자로서의 권위를 바탕으로, 자기 자신에 대해 스스로 정의 내렸다. 바로 이것이 하나님이 우리에게 금하셨던 유일한 것이었다.

하나님은 인간이 스스로 정의 내리는 것이 어떤 문제를 야기할지 다 알고 계셨다. 그럼에도 사울은 이 유일한 한 가지를 간절히 원했다. 그는 자신과 이스라엘 백성을 이름 지을 수 있는 자유와 권위를 원했다. 자신이 최고라고 생각했던 것이다.

하나님은 사울이 원하는 자유를 허락하셨다. 그러나 사울은 그 결과에 대한 책임을 반드시 져야 했다. 그러한 책임은 우리에게도 마찬가지로 주어지는 것이다.

9장

　사울이 왕으로 세워진 이후, 또 다른 승리와 축하들이 계속 이어졌다. 하나님은 이스라엘을 대신하여 기적적으로 역사하셨고, 적들은 모두 도망쳤다. 사울의 지위는 더 큰 힘을 얻었으며, 그는 더 많은 전투에서 승리했다.
　지위와 권력은 영향력을 가진 유혹적인 친구들이다. 이제 사울은 그것들과 함께 지내는 데 익숙해졌다. 그는 이것이 자신을 정의한다고 생각했다. 그리고 그것이 자신의 그림자에서 벗어날 수 있는 유일한 길이라고 생각했다. 그는 이스라엘의 왕이었으며, 그의 이름은 막강했다.

이러한 지위와 권력을 가진 사울은, 자신이 더 이상 작거나 보잘것없는 존재가 아님을 증명하려 했을 것이다.

"사울이여." 어느 날 사무엘이 사울을 불렀다.

"네, 선지자님." 기름부음 받은, 권력을 가진, 보잘것없는 자 _{the anointed, the Powerful, the insignificant one}
사울이 대답했다.

"주께서 나를 당신에게 보내어 말씀을 전하게 하셨소. 하나님은 당신이 아말렉 사람들을 처벌하기 원하시오. 그들이 광야에서 이스라엘 백성의 등 뒤로 몰래 다가와, 낙오되어 있던 임산부와 아이들을 살해했기 때문이오. 그들은 전적으로 부패했으며, 하나님은 그들을 철저히 멸하기 원하신다오. 그 어느 누구도, 가축 하나라도 절대 남겨 두지 마시오. 그 속에는 전염병과 질병이 가득하오. 자, 어서 가시오. 하나님이 당신과 함께하실 것이오." 사무엘은 주님의 말씀을 사울에게 전했다.

이에 사울이 군사들을 모아 출격했다.

이 전투에서 이스라엘은 승리했다. 그러나 이 전투는 사울이 불순종함으로 패배를 경험하는 결정적인 사건이 되었다.

하나님은 안타까움에 눈물을 흘리셨고, 사무엘 역시 같은 마음이었다. 리더이며 이름 짓는 자 사울은 다스리시는 분 (The Sovereign One)의 명령에 순종하기를 거절했으며, 이로 인해 하나님의 형상을 왜곡하고 말았다. 사무엘은 주의 말씀을 다시 전하기 위해 사울을 찾았다.

"사울이여." 사무엘이 그를 불렀다.

"하나님의 위대한 선지자에게 축복이 있기를 바랍니다. 제가 하나님께서 명하신 일을 잘 마쳤습니다!" 기름부음 받은, 권력을 가진, 보잘것없는, 속임 당한 자 (the anointed, the powerful, the insignificant one, the deceived one) 사울이 곧바로 응답했다.

"그런데 왜 양과 황소의 소리가 이렇게나 크게 들리는 것이오?" 사무엘이 물었다.

"백성이 가장 좋은 양과 황소들을 남겨 두었습니다. 그렇지만 나머지는 완전히 없애 버렸습니다." 사울은 잠시 망설이더니, 이렇게 덧붙여 말했다. "백성이 가장 좋은 동물들을 주님께 제물로 바치기 원하여, 그것들을 살려 두었습니다."

사무엘은 사울의 눈을 바라보았다. 그는 사울의 눈 뒤에 감춰진 두려움을 보았다. "주께서 어젯밤에 내게 하신 말씀을 당신에게 전하겠소. 당신이 보기엔 자신이 작은 자라고 느껴질지라도, 그것은 사실이 아니지 않소?"

이 말에 사울은 무언가에 얻어맞은 것처럼 뒤로 물러섰다. 그러자 사무엘이 사울 가까이 다가가 말을 이었다. "당신 눈에 자신이 보잘것없어 보이더라도, 당신은 이스라엘 모든 지파의 리더로 세워지지 않았소? 하나님은 당신에게 사명을 주어 당신을 보내셨소. 병들고 약하고 이기적인 아멜렉 족속들을 완전히 멸하라고 말씀하셨소. 하나도 빠짐없이 완벽히 몰살하라고 말이오. 그런데 그 말씀에 순종하지 않은 이유가 무엇이오? 당신은 좋은 것들을 차지하기 위해 서둘렀고, 마땅히 없애야 할 것들을 당신을 위해 남겨 두었소. 그것은 하나님이 보시기에 매우 악한 것이오."

그러자 사울이 불평했다. "아닙니다. 저는 주님의 말씀에 순종했습니다. 임무대로 아멜렉을 파멸했습니다. 그러나 백성이 남겨진 것 중 양과 황소를 챙겨 왔습니다. 하나님께 제물을 드리려고 그리한 것이란 말입니다."

사무엘이 사울의 눈을 바라보며 단호하게 말했다. "당신이 원하는 것을 하나님으로부터 가져갈 수 있다고 생각하시오? 당신의 지위와 권력을 더 높이 세우고, 새로운 이름을 얻기 위해 말이오. 그렇게 해서 자신을 보호하려고? 그것은 매우 가증스러운 짓이오. 하나님이 그분을 매수하려는 목적으로 드리는 제물을 기뻐하신다고 생각하시오? 하나님은 그 어떤 제물보다, 당신이 자신을 인정하고 받아들이는 것을 더 기뻐하신다는 걸 모르겠소?"

"제가 잘못했습니다. 제가 죄를 지었습니다. 맞습니다. 저는 주님의 말씀에 완전히 순종하지 않았습니다. 사람들의 평가가 너무 두려웠기 때문입니다. 그래서 그들의 말을 따랐습니다. 그렇지만 제발 저와 함께 백성 앞에 서 주시기 바랍니다." 사울이 사무엘의 옷을 세게 붙잡으며 사정했다. 그 바람에 사무엘의 옷이 찢겨 버렸다. 그러자 사무엘이 이렇게 선포했다. "이 옷처럼, 오늘 이스라엘 왕국이 당신에게서 찢겨 나갔소."

사울이 간청했다. "제가 죄를 범한 것을 인정합니다. 그러나 제발 부탁드립니다. 오늘 저와 함께 가서서 장로들과 백성 앞에서 저를 높여 주십시오. 저에게는 무엇보다 중요한 일입니다."

이에 사무엘은 마음을 돌이켜 사울과 같이 가서 백성과 함께 주님을 경배했다.

사울이 지위와 권력으로 자신을 정의하려 했듯이, 그는 언제든 자신이 원하는 것을 하기로 결정했다.

결국, 당신이 지위와 권력을 갖게 되면, 당신은 마음대로 자신의 이름을 지으려 하고, 해야 할 것과 하지 말아야 할 것을 당신 의지에 따라 판단하려 할 것이다.

만약 우리가 이름 짓는 능력을 세상과 맞바꾼다면, 그리고 우리가 그렇게 시도해 본다면 어떨까? 우리에게는 어떤 영향이 있을까? 사울은 어떤 영향을 받았을까?

한마디로 그 결과는 '불안함'이다.

불안함은 우리 마음의 배에 달린 자만과 오만이라는 돛을 향해 불어와, 우리를 모든 종류의 어리석고 악한 곳으로 밀어 보내 버리는 바람과 같다. 불안함의 바람 때문에 우리는 악을 향해 쉽게 움직인다.

유한하고 쉽게 변해 버리는 세상적인 기초로 우리 이름을 지을 때, 우리는 불안해하게 된다. 이름은 우리가 누구인지 명확하게 말해 주는 것이며, 불변의 진리와 우리를 하나로 이어 주는 것이다. 그 유일한 불변의 진리는 하나님 한 분뿐이며, 우리는 영혼 깊이 그 사실을 잘 알고 있다. 그러나 우리의 수치스러운 감정과 정죄하는 본성이 그분과 우리를 단절시킨다. 우리는 수치심과 정죄하려는 본성이 주는 고통에서 벗어나려고 스스로 자기 이름에 의미를 부여하기로 결정한다. 그리고 이러한 결정은 우리 안에 있는 하나님의 형상을 잃게 만든다. 결국 자신을 스스로 정의하고자 선택하는 것들이 계속 바뀌게 된다.

끊임없이 변하는 표준이나 판단 기준으로 무언가를 정의한다고 상상해 보라. 그것은 맨손으로 기름을 떠서 측량하려는 시도와 같다. 또는 바다에 떠다니는 등대로 배를 유도하려는 것과 같으며, 매 순간 중력이 변하는 상황에서 체중을 재려는 것과 같다. 이 모든 일은 불가능하다. 무언가를 측량하거나 이끌기 위해서는 변하지 않는 기준점이 있어야 하기 때문이다.

스스로 있는 자(I AM Who I Am)가 자신의 형상을 따라 우리를 만드셨다. 그분은 우리가 그분이 주시는 안정적이고 고정된, 불변하는 정체성을 갈망하게 하셨다. 이를 잃어버린다면, 우리는 불안정하게 된다.

하나님은 우리가 정체성에 대해 고민하는 것을 결코 원치 않으신다. 진정한 안정감은 영원히 변치 않는 무언가로부터 이름을 받는 것에서만 온다. 그리고 하나님만이 그런 역할을 감당하실 수 있다.

설마 아직도 상처받은 불안함이 그 역할을 할 수 있다고 생각하고 있는가?

당신의 잘못된 선택 때문에 문제에 빠졌던 순간을 회상해 보라. 정말 악해지고 싶어서 간절히 악을 찾아다닌 것인가, 아니면 불안함 때문에 잘못 선택한 것인가?

거짓말, 절도, 시기, 질투, 증오에 대해 생각해 보라. 당신을 잘못된 방향으로 이끄는 불안함의 바람이 보이는가? 나는 그것을 볼 수 있다. 우리 영혼을 혼란스럽게 하는 불안함은 우리 마음속의 교만함을 키우고, 우리가 악을 향해 가도록 강한 바람으로 이끈다.

그렇다면 우리에게는 잘못이 없는가? 그렇지 않다. 우리 마음속에는 자만심과 오만함이 있다. 우리는 반드시 이 문제를 처리해야 한다. 그러나 우리가 대면해야 하는 강한 유혹의 힘과 잘못된 선택이 가져온 결과들에 너무 심각해할 필요는 없다. 우리의 진정한 이름을 아는 것은, 불안한 상황에서는 가질 수 없는 힘을 우리에게 준다. 일시적이고 쉽게 변하는 것에 우리 이름을 의지할 때 어떤 일이 일어나게 될까?

사울에게 무슨 일이 일어났는가?

그는 자신의 정체성에 대해 궁금해했다.

그는 스스로 이름을 지었다.

그는 권력과 통제로 다스렸다.

그는 자신에게 도전하는 자는 누구든지 죽이려고 했다.

그는 미쳐 버렸다.

그는 자신의 진정한 이름을 잊어버렸다.

그래서 그는 외롭고 두려웠다.

사울은 자신의 이름을 강화하기 위한 방법, 그리고 자신의 그림자로부터 숨기 위한 방법을 지속적으로 찾았다.

왕국을 세우는 것은 결코 쉬운 일이 아니었다. 또한 권력 유지를 위해 사울에게는 여러 가지 도움이 필요했다. 사울은 강하고 재능 있는 청년들을 발견하면 곧바로 자신의 군대에 편입시켰다.

이윽고 또 다른 전쟁을 치르게 되었고, 새로운 위기에 봉착했다. 사울의 군대는 잔뜩 겁에 질린 채 계곡 한 편에 있었다. 다른 계곡에는 블레셋 군대가 있었다. 블레셋 군대는 각 진영에서 가장 강한 사람이 하나씩 나와 싸우길 원했다. 그런데 그들은 키가 3미터나 되는 거대한 군인을 내보냈다. 그는 마치 괴물 같았다.

감히 어느 누구도 그 거인과 맞서 싸울 엄두를 내지 못했다. 그에게 순식간에 박살 날 것이 뻔했다.

그런데 놀랍게도 형에게 도시락을 배달하러 온, 한낱 양치기에 불과한 한 청년이 앞으로 나왔다. 그의 이름은 다윗으로, 이새의 아들이었다. 그는 혈색이 붉고 잘생긴 청년이었다. 그는 누군가 하나님의 백성을 대적하여 그들을 조롱하며 서 있다는 사실에 매우 화가 나 있었다. 거인의 도전에 대해 상당히 불쾌해하고 있었다.

주머니 속에 든 작은 돌맹이와 물매를 손에 든 다윗은 계곡으로 걸어 들어가 거인에게 도전했다. 거인은 자기 앞에 서 있는 '어린아이'를 비웃으며 조롱했다. 이 어린 전사는 그 어떤 거인보다 위대하신 하나님의 이름을 부르며, 적을 향해 달렸다. 이스라엘 군대는 불신이 가득한 눈으로 그 광경을 지켜보았다. 다윗은 손에 든 물매와 한 번의 민첩한 움직임만으로, 이스라엘과 함께하셨던 하나님이 어떤 분이신지 기억하도록 그곳에 모인 모든 사람의 눈을 열었다.

그날, 위대한 승리가 있었다. 블레셋 군대는 모두 도망했다. 그리고 다윗은 이스라엘 가운데 계시는 전능자(The Almighty) 하나님의 이름을 드러냈다.

새로운 영웅이 탄생했다. 그 덕분에 지위를 더욱 견고히 할 수 있게 된 사울은 흥분하며 즉시 그 청년을 자신의 군대에 남게 했다. 청년은 곧 사울 군대의 리더가 되었고, 많은 승리가 잇따라 이어졌다.

어느 날 사울은 여인들의 노랫소리를 들었다. "사울은 천천이요, 다윗은 만만이라! 사울은 수천 명을 죽이고, 다윗은 수만 명을 죽였도다."

두려움이 사울의 마음을 공격했다. '다윗이 거인을 때려눕혔다면 나를 때려눕히는 것은 식은 죽 먹기겠네. 이제 그가 차지할 것이 나의 왕국 말고 무엇이 더 남았단 말인가?'

사울은 다윗을 두 번이나 앞에 세웠다. 그리고 근위병이 들고 있던 창을 빼앗아 다윗을 향해 있는 힘껏 던졌다. 그러나 두 번의 기회 모두 아슬아슬하게 놓쳐 버렸다. 사울은 새롭게 떠오르는 이 청년을 반드시 죽이지 않으면, 자신을 정의하는 권력과 지위를 빼앗기게 될 거라고 믿었다. 그렇게 된다면 작고 보잘것없는 자신의 옛 이름과 직면하게 될지도 모른다고 생각했다. 다윗은 새로운 왕이 되고, 사울은 자신의 그림자로부터 그 자신을 지켜 주었던 보호막을 잃게 될지도 몰랐다.

사울은 다윗을 없애기 위해 가차 없이 그를 뒤쫓았다. 다윗이 살아 있는 동안 사울의 이름은 결코 안심할 수 없을 것이다. 사울은 자신을 보호하기 위해, 다윗을 잡아 없애는 데

여생을 모두 바쳤다. 사울의 권력과 지위를 보장해 준 모든 요소는, 더 큰 권력과 안정된 지위를 얻는 데 이용되었으며 그의 권위에 도전하는 사람들을 통제하는 데 사용되었다.

그러나 기억하라. 자신의 이름을 짓는 자유를 요구하는 자에게는 결코 평안이 없다.

2부

다윗은 하나님이 그를 위해 가지고 계셨던 정체성에 대해 알고 있었고, 그것을 자신의 것으로 받아들였다. 그는 기독교 역사상 가장 영향력 있는 사람이 되었다. 어떻게 해서 그는 하나님의 기름부음 받은 자가 되었는가? 그는 어디에서 왔는가? 물론 그는 좋은 가정에서, 바른 가정교육을 받고 자랐다. 이러한 배경 덕분에 자신의 정체성에 대해 이해할 수 있었던 것일까?

사울이 자신의 이름을 마음대로 지을 수 있는 자유를 요구했을 때, 하나님의 마음은 무너져 내렸다. 사무엘은 하나님의 상처 난 마음 때문에 밤새도록 슬퍼했다. 그 후에 하나님은 그분의 형상을 드러내는 삶에 대해 이해할 수 있는, 또 그렇게 살아가는 사람을 찾도록 사무엘을 보내셨다.

사무엘은 이새의 집을 찾았다. 이새의 아들들을 본 사무엘은 자신이 제대로 찾아왔다고 직감했다. 이새의 모든 아들이 훌륭해 보였기 때문에, 사무엘은 누구에게든 기름부을 준비가 되어 있었다. 하지만 사무엘이 기름을 부으려 하자 하나님이 계속 쿡쿡 찌르며 말리셨다. 이어서 하나님은 사람을 외모로 판단하지 않으신다는 사실을 그에게 상기시켜 주셨다. 일렬로 서 있는 일곱 명의 건장하고 멋진 아들들 앞을 차례로 지나갈 때마다 하나님은 아니라고 말씀하셨다.

"혹시 다른 아들이 있소? 내가 제대로 찾아왔다는 것을 확신하지만, 이들 중에는 하나님이 선택하신 사람이 없소." 대체 무엇이 문제인 것인지 사무엘이 의아해하며 물었다. 이에 형제들이 당황하며 서로 쳐다보았다.

그러자 이새가 초조하게 왔다 갔다 하면서 중얼거렸다. "저기…, 그러니까 실은…, 막내아들이 있기는 합니다만." 그가 말을 이어 나갔다. "그런데 그 아이는 양들을 치러 밖에 나가 있어서, 지금 여기에 없습니다."

사무엘은 안도의 한숨을 내쉬었다. "내가 꼭 해야 할 일이 있소. 그가 돌아올 때까지 앉지 않겠소."

그러자 이새가 종에게 다윗을 데려오도록 명했다. 이새의 말이 떨어지기가 무섭게 종이 달려 나갔다.

다윗이 땀에 흠뻑 젖은 채, 숨을 헐떡거리며 뛰어 들어왔다. "아버지! 최대한 빨리 집으로 오라고 하셨다면서요? 무슨 일이세요?"

다윗을 보자마자 사무엘은 그를 향한 주님의 기쁨을 느낄 수 있었다. 사무엘은 기름이 가득 든 뿔을 꺼내어 다윗에게로 걸어갔다. 그리고 다윗의 머리에 기름을 부으며 "주의 기름부음 받은 자로다!"라고 말하고는 돌아서서 걸어 나갔다.

기름부음 받은 자 the anointed one 다윗은 자신의 머리에서 흘러내리는 기름을 손으로 문지르며, 호기심 가득한 눈으로 가족들을 바라보았다. "이게 다 뭐죠?"

형들은 화가 나서 쿵쾅대며 집을 나섰다. 큰형이 이렇게 소리쳤다. "네가 직접 알아봐, 이 꼬맹아!"

다윗의 형들은 모두 건장하고 잘생긴 청년들이었다. 다윗은 형제들 중 가장 작은 아이었다. 사무엘이 아들들을 모두 불러오라고 했을 때, 이새는 다윗을 부르지 않았다. 사무엘에게 데려갈 만큼 가치 있다고는 생각조차 하지 않았기 때문이다. 그래서 다윗을 홀로 들판에 남겨 두었고, 그가 자리에 없다는 것을 사무엘이 전혀 알아차리지 못하길 바랐다.

그럼 이 점을 놓고 생각해 보자. 다윗은 아버지의 이런 행동을 마음에 담아 둔 채 사울처럼 고민을 했을까?

13장

자신의 정체성에 대한 고민은 다윗과 사울 모두 동일하게 겪은 과정이었다. 어느 날 갑자기, **신비의 계시자**(The Revealer of Mysteries)가 개입하셔서 그들 앞에 그분의 이름을 나타내셨다. 그리고 사람들에게 그분을 계시하도록 그들을 리더로 세우셨다. 우리는 사울이 그 과정 속에서 어떻게 응답했는지 알고 있다. 그렇다면 다윗은 어떻게 반응했을까?

다윗의 뿌리 역시 사울과 비슷했다. 그 역시 작고 보잘것없는 자였다. 그리고 그의 가족은 그에게 '버림받은 자'라는 이름을 하나 더 붙여 주었다. 바로 그것은 다윗에게 일어났던 일이 무엇인지 보여 준다. 어떤 주장에 따르면, 다윗은 이새가 부인이 아닌 여자에게서 낳은 아이였고, 그래서 가족으로부터 버림받았다고 전해진다. 어쩌면 다윗의 출생은 아버지가 원하지 않았던 것이거나 잘못된 관계에서 비롯된 것일 수 있다.

버림받은 원인이 무엇이든, 다윗은 그 고통에 대해 다음과 같은 시를 지었다. "내가 죄악 중에서 출생하였음이여 어머니가 죄 중에서 나를 잉태하였나이다." 그것은 다윗에게 신학이 아니었다. 세상에 태어난 순간부터 짊어지고 있던, 고통의 그림자였다. 그는 죄 가운데 태어났다. 그리고 가족에게 버림받은 자, 용납받지 못한 자로 살아왔다. 그의 이름은 작고 버림받고 보잘것없는 자였다.

이는 또한 당신이 평생 벗어나고 싶어 했던 그림자처럼 들린다. 그는 어떻게 매 순간 자신을 따라다니는 미천함과 버림받음의 그림자를 참고 견딜 수 있던 것일까?

　고독이라는 장소는 몇몇 사람만이 찾아가거나 받아들이는 곳이다. 그곳은 우리 자신으로부터 숨을 수 없는 곳이며, 하나님이 다윗의 어린 시절에 그가 머물도록 보내셨던 곳이기도 하다. 매일 다윗은 들판에서 홀로 양들을 돌보았다. 그렇게 날마다 홀로 외로이 지낼 때면 누구나 마음속 가장 깊이 감추어 둔, 암울했던 생각들이 거품처럼 표면 위로 떠오르는 순간을 맞이하게 된다. 자신의 정체성에 대한 의문은 우리 마음에서 그리 멀리 있지 않다.

  지독한 외로움을 경험해 본 적이 있는가? 그 순간에 거품처럼 표면 위로 떠오르는 그늘진 생각들의 소리에 귀 기울여 본 적이 있는가? 그것이 나에게는 이런 소리로 들렸다.

나는 누구일까?

나는 여기서 무엇을 하고 있지?

나는 어디에서 왔을까?

아무도 나를 신경 쓰지 않아.

그게 무슨 상관이야? 그냥 포기해 버려.

어차피 나는 사랑받을 수 없는 사람이야.

  고독의 침묵 속에서, 다윗은 자신의 정체성이 내는 신음 소리를 듣고 그 고통을 느꼈을 것이다. 그리고 자신의 그림자를 보았을 것이다. 생각건대 이런 상황에서 그도 처음에는 도망치려 하지 않았을까 한다. 그가 자신에 대한 질문들의 답을 찾을 시간은 충분했다. 어쩌면 자신의 새로운 이름을 지으려 했을 수도 있다. 하지만 그는 그렇게 하지 않았다. 오히려 그는 자신의 정체성에 대해 두려워하지 않았다.

왜 그런지 모르겠지만 어딘가에서 다윗은 스스로 있는 자 (I AM Who I Am)가 부르시는 음성을 들었고, 그분의 소리에 귀 기울였다. 그는 모든 이름 위에 뛰어난 이름 (The Name Above All Names)을 발견했다.

이것은 무슨 의미일까?

자신을 둘러싼 적막한 고독 속에서 다윗은 한없이 작고 보잘것없는 자신의 모습에 고통스러워했다. 여기에 자신을 원치 않았던 가정에 태어났다는 중압감이 더해졌다. 그는 어둠이 내려앉은 야트막한 동산에 앉아 세상을 둘러보았다. 첫눈에 보기에도 이 세상은 가족이 준 자신의 무가치함을 인정하는 듯했다. 건장하고 잘생긴 일곱 형제들과 견주어 봤을 때

그는 가장 작은 아이였고, 양을 치도록 들판으로 보내졌다. 그는 광활한 우주 가운데에서도 작은 은하계에 걸려 있는 티끌 같은 행성 위에 놓인 한 줌의 재 같았다.

자신에 대해 이해해 보려고 고민하는 동안, 그는 틀림없이 딜레마에 빠졌을 것이라고 확신한다.

다윗은 자신의 정체성에 대한 질문에 대답해야 했을까?

그가 아니라면, 누가 해야 할까?

그의 그림자가?

그의 내면에 있는, 작고 보잘것없음을 느끼는 감정들이?

그의 이름을 짓기 원하는 가족의 목소리가?

아니면, 자연의 속삭임과 만물의 창조자가?

우리가 다윗에 대해 알고 있는 한 가지는, 그는 어떤 고통이나 갈등을 두려워하지 않았다는 것이다. 그에게는 어떠한 적과도 대면할 수 있는 용기가 있었다. 다윗이 제일 먼저 직면해야 했던 첫 번째 적은, 바로 자기 자신 안에 있었다. 거인

골리앗과 상대하기 아주 오래전에, 그리고 그에게 달려드는 곰과 사자를 마주하기 전에…. 다윗은 먼저 자신의 정체성에 대한 문제를 해결해야 했고, 그 아픔을 받아들여야 했다. 다윗은 그 상황을 인정했으며, 자신의 그림자와 똑바로 마주했다. 그리고 오늘날 우리 중에서도 몇몇 사람만이 이해할 수 있는 진실의 소리에 잠잠히 귀 기울였다.

그는 몇 시간이나 앉아 별들을 바라보며 그 수를 세어 보았다. 그러나 헤아려 보기에는 별들이 정말 많았고, 정말 아름다웠다.

그는 나무들 사이로 살며시 떠올라 밤하늘과 깊은 계곡을 밝혀 주는 가득 찬 보름달을 지켜보았다.

또한 풋풋한 풀 냄새를 맡으며, 초원과 어우러져 하나 된

양 떼를 바라보았다.

다윗은 양들을 구하기 위해 사자와 곰에게 맞서 물매를 휘두르던 목자를 바라보는 양 떼의 시선을 느꼈다.

다윗은 더 빨리 달리는 법을 익히고, 음악을 연주하며, 돌을 던지고, 춤을 추며, 수영과 싸움을 경험하면서 점점 더 자기 자신의 몸에 대해 깨닫게 되었다. 그는 점점 더 강인한 모습으로 성장했고, 필요에 따라 스스로 자신을 치료하기도 했다. 놀랍게도 그는 정말 정교하고 세밀하며 진귀하게 지음 받은 자였다.

그는 소박한 경배의 노래를 부르며 춤추듯 흐르는 개울 소리에 즐거워했다. 또한 나뭇가지 사이를 휘감고 돌며 이리저리 피하기도 하고 세차게 돌진하기도 하는 바람 소리를 느끼는 것이 즐거웠다. 차가운 밤공기를 가로지르며 들려오는 개구리들의 울음소리, 부엉이의 울음소리, 으르렁거리며 짖어대는 들짐승의 소리를 좋아했다.

그곳에는 단지 고통의 소리에 귀 기울이는 것 이상의 무언가가 더 있었다. 그에 대해 속삭이고 춤추고 감싸 안으며 빛을 내는 메시지가 있었다. 다윗은 그의 영으로 그것을 느끼며, 다스리는 이름 주신 분(The Sovereign Namer)에게 귀 기울였다.

그 음성을 듣는 가운데 시와 경배의 노래들이 그 안에서 솟아났다.

여호와여 주께서 나를 살펴보셨으므로 나를 아시나이다

주께서 내가 앉고 일어섬을 아시고

멀리서도 나의 생각을 밝히 아시오며

나의 모든 길과 내가 눕는 것을 살펴보셨으므로

나의 모든 행위를 익히 아시오니

여호와여 내 혀의 말을 알지 못하시는 것이 하나도 없으시니이다

주께서 나의 앞뒤를 둘러싸시고 내게 안수하셨나이다

이 지식이 내게 너무 기이하니 높아서 내가 능히 미치지 못하나이다

어떤 때에는 자신의 주변에서 일하는 신비의 계시자를(The Revealer of Mysteries) 보면서 더 많은 노래를 떠올렸다.

"다스리는 이름 주신 분(The Sovereign Namer)은 은혜로우시며 긍휼이 많으시며 노하기를 더디 하시며 인자하심이 크시도다. 여호와께서는 모든 것을 선대하시며 그 지으신 모든 것에 긍휼을 베푸시는도다."

고독은 다윗의 친구가 되었다. 그리고 계속 귀 기울이면서 그는 새로운 이름과 진정한 정체성을 발견했다. 다윗은 자신을 위해 하나님이라는 이름을 신뢰하며 붙잡았다.

나는 어떻게 해서 다윗이 자신에게 진정한 정체성을 부여하는 최종 권위가 누구에게 있음을 알게 되었는지 잘 모르겠다. 단지 내가 아는 것은, 그가 이 점에 대해 이해하고 있었다는 것이다. 그는 자신의 정체성을 찾았다. 그리고 '나는 누구인가'에 대한 답을 줄 수 있는 진정한 권위가 있는 유일한 친밀하신 분(The Intimate One)과 깊은 관계를 맺고 있었다.

내가 이렇게 확신하는 근거가 무엇인지 아는가?

어려운 상황에서 다윗이 그 어려움을 어떻게 해결했는지 보면 알 수 있다. 그리고 그와 비슷한 상황에서 사울은 어떻게 행동했는가?

15장

　다윗은 방금 전쟁터에서 돌아왔다. 그는 갑옷을 벗어 내려놓고, 칼을 옆으로 밀어 놓았다. 그러고는 전투 결과를 보고하기 위해 왕에게 갔다. 왕궁에 들어선 그가 왕을 향해 얼굴을 돌리는 순간, 무언가가 그의 옆을 스쳐 지나갔다. 그리고 곧이어 무언가가 벽에 부딪히는 소리가 크게 들렸다. 그쪽으로 고개를 돌려 보니, 창이 박혀 있었다.

다윗은 본능적으로 물매와 돌을 주머니에서 꺼내 들어 돌리기 시작했다. 그는 왕궁에 잠입한 적이 누구이며, 어디에 숨어 있는지 찾기 위해 재빨리 주위를 둘러보았다. 그러다 그가 서 있는 곳 반대편 멀리 누군가의 그림자를 발견했다. 그 그림자를 향해 공격하려던 다윗은 그가 바로 사울임을 알아차렸다. 다윗은 물매 돌리던 것을 멈추고는 사울을 바라보았다. 사울은 잔뜩 화가 난 표정으로 서 있었다. 마치 다윗이 그 창에 맞기를 바랐다는 듯이….

"네가 내 왕국을 넘보고 있구나. 그러나 너는 절대로 내 자리를 탐할 수 없다." *기름부음 받은, 권력을 가진, 보잘것없는 자* the anointed, the powerful, the insignificant one 사울이 그를 향해 고함을 질렀다.

"왕이시여, 저는 단지 전쟁에서 승리하였음을 보고하려고 온 것뿐입니다." *기름부음 받은, 다스리는 이름 주신 분이 사랑하는 자* the anointed, The Sovereign Namer's beloved one 다윗이 몹시 당황해하며 말했다.

"나는 이미 네가 원하는 게 무엇인지 다 알고 있다. 너는 왕이 되고 싶은 게지. 나의 이름과 왕위를 빼앗아서 말이다. 나에게 도전하여, 나의 지위와 권력을 벗겨 버리려 하고 있구나. 그렇지만 네가 그렇게 하도록 가만두지 않겠다." 사울이 말을 쏟아 내며, 또 다른 창을 집어던지려 했다.

다윗은 재빨리 피하며 궁전을 빠져나와 도망쳤다.

뭐라고? 다음 왕으로 기름부음 받은 자, 곧 용맹한 전사이자 거인을 쓰러뜨려 승리를 거둔 자가 도망을 쳤다고?

대체 왜 다윗은 자신이 기름부음 받은 목적을 이룰 수 있는 기회를 날려 버린 것인가? 공격의 기회가 있었는데 왜 자신의 무기를 거두었던 것일까?

요압이 다윗에게 다가와 말했다. "다윗이여, 왜 그렇게 하지 않았습니까?"

다윗이 대답했다. "자네의 말은, 어째서 그의 이름을 빼앗지 않았느냐는 것인가? 아니면…."

요압이 다윗의 말을 끊었다. "네, 그는 권력에 굶주렸고,

자신의 야욕만을 채우려 하고 있습니다. 심지어 그는 당신을 죽이려고 했습니다."

"나를 위해 내 이름을 세워야 했다는 뜻인가?" 다윗은 자신이 하고픈 말을 마저 했다.

"당신은 자신을 위해 반드시 이름을 높이 세워야 합니다. 이를 이룰 유일한 방법은 사울 왕의 이름을 빼앗는 것뿐입니다. 그에게는 자신을 성공하도록 도와준 사람들을 죽일 권한이 없습니다! 당신이 반드시 그의 광기를 멈춰 주셔야 합니다." 요압이 권고했다.

"그래서, 자네는 내가 그의 이름을 빼앗아 나 자신을 위해 이름을 세울 수 있다고 생각하는 것인가?" 다윗이 물었다.

"당연합니다. 제 말이 바로 그것입니다."

다윗이 머리를 세차게 흔들며 말했다. "정말 그렇게 생각하고 있다는 말인가?"

요압이 다윗의 눈을 바라보며 말했다. "그 누구도 나서서 당신에게 이름을 주려고 하지 않을 것입니다. 이름은 반드시 당신 스스로 이루어 내야 하는 것이기 때문입니다. 이번이 당신에게 주어진 절호의 기회였습니다. 사울에 맞서서 당신 자신을 방어한 것이므로, 그 누구도 이의를 제기하지 않았을 것입니다. 그러나 당신은 그 기회를 그냥 날려 버렸고, 이제 당신은 목숨을 건지기 위해 도망치게 되었습니다. 사울은 온 힘을 다해 당신을 부숴 버리려 할 것입니다. 사람들이 지금의 당신을 보고 뭐라고 하겠습니까? 당신이 스스로 그 자리에 오르기를 원하지 않았기 때문에, 결국 당신은 자신의 이름을 잃어버리고 말 것입니다."

다윗은 돌아서서 홀로 지내 왔던 지난날들을 생각해 보았다. 그의 위상은 더욱 높아진 듯했다.

다윗이 다시 돌아서서 불타는 듯한 눈빛으로 요압의 얼굴을 마주하고 섰다. "요압, 나에게는 나만의 정체성이 있네. 그것은 사람들이 지어 준 단순한 직함이나 권력, 이름보다 훨씬 더 위대하고 멋진 것이지. 이것은 나에게 주어진 선물이기에, 나 자신을 정의하는 데에 다른 어떤 것도 필요치 않다네. 나는 하나님의 기름부음 받은 자를 공격하지 않겠네. 그리고 나 자신을 정당화하거나 구분하기 위해서, 다른 사람들을 파괴하거나 상처 주거나 고통스럽게 하지도 않을 것이네. 자네는 자네만의 이름을 얻기 위해 분투하게. 나는 단지 나의 것을 드러내기 위해 살아갈 테니…."

다윗과 인사를 하고 걸어 나오면서 요압이 이렇게 중얼거렸다. "당신은 정말 미쳤군요. 이상이나 환상으로는 그 어떤 것도 이룰 수 없습니다. 그것들은 당신을 어느 곳으로도 이끌어 주지 못합니다. 당신이 하루빨리 이 가르침을 깨달았으면 좋겠군요."

16장

자신의 이름을 보호하고 지키기 위해 사울에게는 권력과 사람들의 사랑이 필요했다. 반면 다윗은 하나님의 이름을 사람들에게 보여 주기 위해 그들의 사랑이 필요했을 뿐이었다.

다윗은 사람들의 지지와 격려의 한 표현으로 그들의 사랑을 받았다. 왕국의 백성은 그를 사랑했다. 다윗을 흠모한 여인들은 그에 관한 노래를 지어 불렀으며, 남자들은 그의 곁에 서서 함께 싸우면서 많은 전쟁에서 승리했다. 다윗은 그가 가는 모든 곳에서 번영을 누렸다. 아주 좋은 시절이었다.

그때 사울은 여자들의 노래를 들었다. 그의 마음은 질투와 시기로 가득 찼다. 그리하여 사울은 또다시 다윗을 죽이려 시도했고, 다윗은 어찌할 바를 몰랐다. 그는 아무런 잘못을 하지 않았다.

마침내 다윗은 사울의 아들이자 자신의 가장 친한 친구인 요나단의 충고를 받아들여, 홀로 동굴 속으로 몸을 숨겼다.

다윗은 홀로 남는 것을 두려워하지 않았다.

만약 그가 자신의 이름을 지을 수 있는 자유를 요구했다면, 그리고 자신을 사랑하는 사람들의 평가에 따라 자신을 정의하려 했다면, 그는 결코 홀로 떠나지 않았을 것이다. 자신의 그림자에게서 자신을 보호하고 지키기 위해 사람들을 함께 데리고 떠났을 것이다.

하지만 다윗은 자신의 그림자에게서 숨으려고 하지도, 사람들의 말에 따라 자신의 정체성을 정의하려 하지도 않았다.

다윗은 자신이 있어야 할 자리를 알고 있었다. 그것은 사람들의 칭송에 의해 정의될 수 있는 게 아니었다. 그것은 **모든 선한 것을 주신 분**(The Giver of All Good Things)이 그에게 준 선물이었다. 그 무엇도, 그 누구도 다윗에게서 그 선물을 빼앗아 갈 수 없었다.

지저분한 동굴 속에 홀로 있는 현실이나, 거대하고 악한 거인을 죽인 과거의 행동이, 다윗이 누구인지를 정의해 주지 못했다. 왜냐하면 그의 가치는 오직 그를 지으신 한 분에게서만 오기 때문이었다.

많은 세월이 흘렀다. 전사였던 다윗은 동굴에 거하는 자가 되었다. 그는 목숨을 건지기 위해 동굴 속으로 도망했다. 왕국에 대한 걱정보다는 당장의 식량과 생존에 대한 걱정이 더 시급했다.

그러나 하나님의 기름부음은 반드시 이루어져야 한다. 그리하여 다윗의 리더십이 시작되었다. 사울과 그의 아들들은 전쟁에서 죽었고, 다윗은 새로운 왕으로 기름부음 받았다. 그는 더 많은 전투에 참전했고 많은 승리를 얻었다. 그리고 이스라엘 왕국이 굳건히 세워졌다.

세월은 그들만의 유혹과 갈등을 가지고 있다. 그것은 이스라엘 왕국을 세운 리더, 다윗에게도 예외는 아니었다.

왕이 된다는 것은 정말 힘든 일이었다. 그는 전쟁에 참전하여 이겨야 했다. 그리고 많은 사람과 이야기를 나누어야 했고, 중요한 결정들을 해야 했으며, 왕국을 잘 다스려야 했다. 다윗은 훌륭한 왕이었고, 백성을 잘 보살폈다.

하지만 그가 맡은 책임은 갈수록 더해졌다. 날마다 고통과 고됨의 연속이었다.

비록 다윗은 **모든 이름 위에 뛰어난 이름**(The Name Above All Names)이 부여해 준 정체성을 갖고 있었지만, 그와 함께 일하는 사람들은 그렇지 않았다.

계속해서 자신의 정체성에 대해 고민하고 스스로 이름을 찾으려고 하는 사람들 틈바구니에서 '이름 짓는 자'가 된다는 것은 끊임없는 도전이다. 이것은 자신들의 위치를 잘 모르는 사람들에게는, 종종 인생에서 가장 어려운 과제가 되기도 한다. 리더는, 하나님이 아닌 리더를 바라보고 따르며 자신들의 이름을 얻으려 애쓰는 사람들의 갈등과 고민을 짊어져야 한다.

"왕이시여, 왕을 지지하는 자들을 명예롭게 해주기 위한 연회에 초대되셨습니다." 다윗의 보좌관이 입을 열었다.

"또 연회라고? 이번 달만 해도 벌써 연회에 몇 번이나 참석했는지 아는가? 그런 자리 때문에 정말 지치고 힘들다네."

the anointed, The Sovereign Namer's beloved, the uncomforted one

기름부음 받은, 다스리는 이름 주신 분이 사랑하는, 지쳐 있는 자 다윗이 신음하듯 말했다.

"그렇습니다, 전하. 많은 사람이 그들의 파티에 왕을 모시려고 혈안이 되어 있습니다. 왕께서 참석하시는 것이 그들에게 어떤 의미인지 잘 아시지 않습니까?"

"내가 꼭 참석해야 하는 이유가 뭔지나 말해 보게."

"왕의 등장은 그들의 이름이 왕과 연관되어 있음을 보여 주는 것입니다. 곧 그들은 왕의 친구로 알려지게 될 것이고, 자신들의 이름을 그 토대 위에 세우게 될 것입니다."

"그것이 내가 연회에 꼭 참석해야 하는 이유란 말인가?" 다윗이 당혹스러워하며 말했다.

"무, 물론입니다!" 보좌관이 어찌할 바를 몰라 하며 우물쭈물 답했다.

"그들이 내 지위를 이용해서 자신들의 이름을 세우려 하는 것이 자네의 잘못이 아닌 줄은 알고 있네. 그들이 내게 그런 기대를 품고 있을지라도, 나는 결코 그들의 답이 될 수 없다네. 단지 나를 지치게만 할 뿐이지. 그래도 일단 일정에 넣어 두게. 참석하겠네."

다윗의 말에 보좌관이 그날의 일정을 준비하기 위해 나갔다. 보좌관이 자리를 뜨자마자 통상부 장관이 들어와 물었다.
"왕이시여, 잠시 시간 좀 내주시겠습니까?"

"말씀해 보시오." 다윗이 자리에 앉으며 말했다.

"왕자께서 다시 문제를 일으키고 계십니다. 제 임무는 이곳을 오가는 상인들을 감독하는 것입니다. 그리고 제 이름은 왕과 연결되어 있지요. 그런데 왕자께서 제가 승인하지 않은 상인들이 거래하도록 계속해서 허가를 내주고 있습니다." 통상부 장관이 신랄하게 말했다.

"장관의 이름이 나와 연결되어 있다니?" 다윗이 물었다.

"그렇습니다. 왕께서 제게 직함을 주셨습니다. 왕께서 저를 이 특별한 자리에 세우셨습니다. 그리고 이 도시에서 질서를 지키라고 제게 지시하셨습니다. 저는 그 일에 최선을 다하고 있습니다. 그런데 왕자께서 제 이름을 계속해서 빼앗아 가고 계십니다."

"장관이라는 직함이 당신의 이름이란 말인가? 장관에게 이름을 준 것은 내가 아니지 않은가?"

그 말에 통상부 장관이 당황해하며 고개를 숙였다. 추뼛주뼛 서 있는 그를 향해 다윗이 말했다. "내 아들을 들여보내게. 내가 이야기해 보겠네."

"감사합니다, 전하. 저는 어떠한 문제도 일으키지 않을 것입니다. 제가 왕의 이름을 잘 대변할 것이라고 확신하셔도 좋습니다." 통상부 장관이 자리를 떠나며 말했다.

그가 떠나자, 보좌관이 다시 들어와 말했다. "전하, 암몬의 왕이 보낸 사신이 뵙기를 청하고 있습니다."

"들여보내도록 하라." 다윗이 명령했다.

사신이 들어와 다윗에게 인사했다. "이스라엘의 왕이시여, 매우 바쁘신 중에도 저를 만나 주셔서 감사합니다. 저의 왕께서 요청하시는 사안에 대해 시간을 내 주셔서 진심으로 감사드립니다."

"어서 오시오. 무슨 일이시오?"

"저의 왕이 전하께 호의를 베풀어 달라고 요청하고 계십니다. 그래서 저를 이곳까지 보낸 것입니다. 주변의 모든 나라가 왕께서 하나님의 특별한 은총을 받고 있음을 잘 알고 있습니다. 하나님은 왕과 함께하시면서, 우리가 꿈꾸어 오던 많은 승리를 주셨습니다. 왕께서는 높은 존경을 받고 계시며, 저희는 왕과의 관계를 매우 가치 있게 여기고 있습니다. 그런데 실은 동편의 왕이 저희를 넘보고 있습니다. 우리는 그들이 우리를 두려워하도록 할 만한 강력한 이름을 세워야 합니다. 그런데 지금 당장은 우리 스스로 이룰 수가 없습니다. 왕께서 이를 위해 저희를 도와주시기 부탁드립니다. 선물을 갖고 저의 왕을 찾아와 주실 수 있겠습니까?"

암몬의 사신이 속삭이듯 목소리를 낮추며 말을 이었다. "그렇게만 해주신다면 후히 사례할 것입니다. 만약 왕의 이름과 우리가 유대하고 있음을 주변 국가들에게 보여 줄 수만 있다면, 미연에 전쟁을 막기 충분할 것입니다."

다윗이 깊이 숨을 들이쉬었다. "전쟁을 막으려는 당신들의 뜻을 잘 알겠소. 할 수 있는 한 최대한 당신들을 돕겠소. 선물과 함께 나의 아들을 당신의 왕에게 보내리다. 나 역시 당신들과의 우정을 귀하게 여길 것이오. 불필요한 전쟁을 막기 위한 일이니 어떠한 대가도 바라지 않겠소."

그러자 사신이 머리가 거의 바닥에 닿을 정도로 절하며 말했다. "감사합니다, 전하. 진정으로 전하의 이름은 위대하십니다. 그 훌륭하심에 대해 저의 왕에게 전달하겠습니다. 감사합니다."

사신이 떠났고, 다윗의 보좌관이 다시 나타났다. "요압이 침략자를 섬멸하기 위한 출전 준비를 다 마쳤다고 합니다. 그가 왕께서 늘 함께하셨듯이, 이번에도 그들과 함께 출전하실 것인지 확인하고 싶어 합니다."

다윗이 손을 높이 들며 말했다. "나는 어디에도 가지 않겠다고 전해라. 더는 누구와도 만나고 싶지 않다. 너무 피곤하구나. 아니, 사람들이 나를 통해 자신들의 이름을 지으려고 애쓰는 모습을 보기가 이제는 너무 지치고 힘이 드는구나. 이름 없는 이 세상이 나를 점점 더 힘들게 하는구나. 이제 나는 할 만큼 했다고 생각한다. 산책이나 좀 다녀와야겠다."

보좌관이 고개를 끄덕이며 나갔다.

다윗은 일어나 혼자만의 축복된 시간을 찾기 위해 나갔다. 그는 시원한 저녁 바람을 쐬고 싶어서 왕궁 꼭대기로 올라갔다. 그는 지난날을 곰곰이 되짚어 보았다. '나에 대한 사람들의 요구 때문에 그동안 정말 힘들었어. 잠시라도 쉴 수 있으면 좋으련만. 오, 주님! 이름 없는 이 세상에서 이름 짓는 자로 산다는 것이 너무 피곤합니다. 그들은 자신의 정체성에 대해 자주 묻지만, 주님 안에 있는 진정한 정체성을 찾기 위해 고통을 감수하는 것은 원하지 않습니다. 그들은 단지 주님이 제게 주신 그 정체성을 이용해서 자신들의 이름을 지으려고만 합니다. 그들의 이러한 모습은 정말 뼛속까지 저를 지치게 만듭니다.'

잠시나마 기분을 달래 주는 산들바람을 맞으며 다윗은 한쪽을 응시하고 있었다. 어느 순간 다윗은 한 아름다운 여인이 목욕 중인 집을 내려다보고 있는 자신을 발견했다. 그는 바라보고, 또 바라보았다. 그는 안주하고 싶은 마음을 내려놓기 위한 싸움을 하는 것이 너무나 힘들었다.

곧이어 다윗의 마음속에서 안락함을 찾으려는 욕망이 솟아났다. 그리고 납득하기 어려운 생각이 그를 사로잡았다. '저 여인을 향한 사람들의 시선을 막아 여인을 보호해 주어야 해. 반드시 가리개를 설치해야 한다고 말해야 해. 그러려면 반드시 여인을 불러 나를 만나 보게 해야만 해.' 곧 그들은 동침했으며, 다윗은 자신의 정체성과 모든 마음의 소망 이신 분의 이름에 대한 신뢰를 잃고 말았다.

The Desire of All Hearts

다윗이 결혼을 하지 않았거나 자신에게 적합한 아내를 찾지 못했기 때문에 벌어진 일일까? 그렇지 않다. 그에게는 아내가 여러 명 있었으며, 더 많은 부인을 얻을 수 있었다. 이는 성관계에 대한 것이 아니다. 왕으로서 그는 자신이 원하는 누구와도 성관계를 할 수 있었다.

이는 이 세상에 이름 짓는 자로서 존재하는 당신이, 자신의 정체성에 대해 잘 알고 있는 당신이 바싹 말라 버릴 때까지 계속 괴롭히며 빨아들이는 고통에 대한 것이다. 바로 이것은 거짓된 안락함에 관한 것이다.

이름 없는 세상에서 자신의 정체성을 확실하게 알고 있다는 고통은 저항할 수 없을 만큼 압도적일 수 있다. 당신 주변에 있는 수많은 이름 없는 사람들이, 당신의 일부를 나누어 주어 자신들을 도와 달라고 아우성치고 있다. 이것은 마치 가뭄으로 모두 굶주려 있는 곳에서 일하는 것과 같다. 당신에게는 나누어 줄 것이 있기는 하지만, 모든 사람의 요구를 채워 줄 수는 없다.

기억하라. 당신은 사람들에게 그들의 정체성을 줄 수 없다. 그것은 오직 생명의 아버지(The Father of Life)만이 하실 수 있는 일이다.

18장

"잇대?" 기름부음 받은, 다스리는 이름 주신 분이 사랑하는, 용서받은 자 <small>the anointed, The Sovereign Namer's beloved, the forgiven one</small> 다윗이 그를 불렀다. "어째서 나와 함께 떠나려 하는 것이냐? 너는 이곳에 온 지 얼마 되지도 않았을 뿐더러 망명 중인 이방인이 아니더냐. 그런 네가 왕좌도 없는 왕과 함께 정처 없이 떠돌아다니겠다는 게 말이 되느냐? 나는 네가 그렇게 하지 않았으면 좋겠구나. 나는 지금 어디로 가야 하는지도 모른 채 길을 나섰다. 나에게는 아무것도 남지 않았다. 어서 새로운 왕에게로 돌아가 그와 함께 머물라."

"다윗 왕이시여." 잇대가 대답했다. "하나님은 왕과 함께 계십니다. 그래서 저도 왕과 함께 있고 싶습니다."

다윗이 깊은 한숨을 내쉬며 마지못해 대답했다. "네 뜻이 정 그러하다면, 나와 함께 가자구나."

한참 길을 걷는데, 잇대가 뒤돌아서 다윗에게로 다시 가까이 왔다. "왕이시여, 질문 하나만 드려도 괜찮겠습니까?"

"좋네. 단 하나 미리 말해 둘 것이 있네. 나 또한 내 스스로 답할 수 있는 것보다 더 많은 질문을 안고 있는 사람이라네."

잇대는 잠시 바닥을 내려다보았다. 그리고 자신의 앞에 서 있는, 노인이 되어 버린 왕에게 물었다. "왕께서는 통치할 수 있는 힘이 충분하십니다. 그런데 왜 왕좌에 대해 어떠한 권리도 주장할 수 없는 아들 앞에서 떠나려 하시는 겁니까? 왜 도망하십니까?"

다윗은 도시를 빠져나가고 있는 수백 명의 추종자를 바라보았다. 어떤 이들은 갑옷을 입고 있었다. 잘 차려입은 이들도 있었다. 그들은 다윗에게 절을 하며 지나갔다. "바로 그것이 지금 내가 고민하고 있는 것이라네. 압살롬은 스스로 자신의 이름을 짓기로 결정했지. 그런데 자신의 이름을 세우려면 결국 권력을 얻어야 한다고 생각했겠지. 그리고 그걸 이룰 유일한 길은 나의 자리를 빼앗는 것뿐이라고 판단했을 테고 말이야."

다윗은 잠시 망설이다 말을 이어 나갔다. "자네도 알다시피 나는 전사라네. 싸움을 선택하는 것은 내게 그다지 어려운 일이 아니네. 그러나 나는 이렇게 자문해 보았다네. 대체 무엇을 얻기 위한 싸움인가 하고 말이야. 이 왕국은 결코 내 것이 아니야. 바로 하나님의 것이지 않은가. 지난 세월 동안 나는 크게 한 가지 사실을 배웠지. 자네가 이름을 얻고자 권력을 사용하려 한다거나…." 다윗은 잠시 말을 멈추고 깊이 숨을 들이마셨다. "또는 자네가 이름을 지키기 위해 애쓰더라도, 그 이름은 쓸모가 없는 것이라네. 나에게는 이미 내 지위를 훨씬 넘어선 정체성이 있다네. 그리고 내가 간절히 원하는 것은 나의 정체성을 온전하게 지켜 내는 것뿐이야."

다윗이 잇대의 눈을 들여다보며 물었다. "이제 내가 질문을 하나 해야 되겠군. 자네가 품고 있는 질문에 대한 또 다른 대답이라고 생각하게. 왜 자네는 자기 스스로 이름을 지으려 하는가? 또 아버지의 왕좌를 빼앗으려는 아들에게서 도망하는 늙은 왕을 따르고 있는 것인가? 나는 근심과 걱정 말고는 자네에게 줄 것이 아무것도 없다네."

잇대가 크게 웃으며 대답했다. "왕이시여, 저의 대답은 매우 간단합니다. 결코 왕좌만으로는 왕을 만들 수가 없기 때문입니다. 권력이 왕을 만들 수도 없고요. 그저 당신의 존재, 즉 어떤 사람인가가 당신을 왕으로 만든 것입니다. 저는 도처에 퍼져 있는 왕의 겸손함에 대해 들었습니다. 그리고 왕처럼 하나님의 형상을 잘 간직하고 있는 사람이 있다면, 그가 왕이든 노예이든 상관없이 그를 기쁘게 따를 것입니다."

그들은 함께 돌아서서 도시를 빠져나갔다.

19장

　인생의 여정을 따라 걷다 보면, 도움을 요청하기 위해 우리 모두 찾아야 하는 현자가 있다. 그는 사울과 다윗이 직면했던 어려움들을 잘 이해한다. 그리고 당신과 내가 직면할 문제들에 대해서도 잘 알고 있다. 그의 이름은 권위(權威, Authority)다.

　나는 그에게 도움을 청했다. "저는 지금 너무 혼란스럽습니다. 저를 좀 도와주시겠어요?"

"좋다."

"당신은 왜 이렇게 중요한 거죠?"

"모든 유한한 피조물에게 필요한 자원이기 때문이지."

"그것이 무슨 말씀이지요?"

"매년, 매달, 매일 그리고 실질적으로 매번 결정의 순간에 있어서, 너는 자신의 한계와 맞부딪치게 되겠지. 너는 유한한 존재이고, 최선의 선택이 무엇인지 잘 알지 못하고 있다고 생각되는구나."

권위자가 잠시 망설이더니, 몸을 기울이며 나지막하게 말했다. "너는 하나님이 아니기 때문에 네가 무엇을 해야 할지 잘 모를 거야. 그러니 도움이 필요할 테고, 네가 무엇을 해야 할지 알려 줄 만한 사람을 찾게 되겠지. 그러고는 그들의 말에 귀 기울이겠지."

"맞아요." 내가 대답했다. "제가 유한한 존재라는 것을 인정해요. 그리고 제가 하나님이 아니라는 것 또한 잘 알고 있어요. 하지만 그렇기 때문에 제가 어떤 권위를 찾고 있다는 말은 잘 이해가 되지 않아요. 제게 있어 권위란 단지 지위 같은 것이라고 생각되거든요. 그리고 저는 그 따위 것에는 별로 관심도 없고요."

"네가 권위를 찾고 있다고 말한 것은, 네가 누구인지 그리고 진실이 무엇인지 알고 있는 것으로 보이는 누군가를, 혹은 무언가를 찾고 있다는 의미에서 말한 거란다. 이를테면, 그들은 네가 모르는 무언가를 잘 알고 있지. 그래서 너는 그들을 신뢰하게 되고 그들의 말을 따르게 되는 것이지. 달리 말하면, 네가 누구에게 권위를 주느냐에 따라 네가 보는 것을 결정하게 된다는 거란다."

"누구에게 권위를 주느냐에 따라 보는 것을 결정하게 된다고요? 그게 무슨 뜻이죠? 권위가 바뀐다고 해서 제 눈이 바뀌는 것은 아니잖아요. 예를 들어 자세히 좀 설명해 주세요. 이것이 제 자신에게나 저를 둘러싼 세상을 이름 짓는 것과 관련해서 얼마나 중요한 것인지 저는 잘 모르겠어요."

"네 말대로 권위가 바뀐다고 해서 네 눈이 바뀌는 것은 아니다. 하지만 그것을 어떻게 보고 어떻게 받아들이느냐 하는 것은 우리 눈의 작동 원리보다 훨씬 더 복잡한 것이란다. 눈은 단지 네 마음에 신호를 전달할 뿐이지. 그 신호를 해석하는 것은 바로 네 자신이다. 권위를 갖고 있는 무언가가 그 신호를 어떻게 인식하느냐에 따라서 말이야."

권위자는 잠시 생각한 후 말을 이어 갔다. "다른 예를 더 들어 보겠다. 한 여인의 자궁 안에서 빠르게 자라고 있는 한 무리의 세포를 생각해 보거라. 그런데 그것이 여인에게 불편함을 주고 있다. 그렇다면 그것을 간단히 제거해 버릴 수 있는 '세포조직'이라고 불러야 할까? 아니면 영원한 삶을 누리며 절대로 다시 복제될 수 없는 하나님의 형상으로 만들어진 생명체로서 '아이'라고 불러야 할까?

"아, 그러니까…." 나는 내 안에 스치는 생각들을 큰 소리로 말했다. "제가 만약 최종적으로 말할 권리나 권위가 제 감정에 있다고 생각한다면, 제가 더는 아이를 원치 않을 경우 그것을 단지 아이의 전 단계인 세포덩어리라 이름 지을 수 있으며, 그래서 그것을 제거해 버릴 수 있는 게 아닌가요? 한편으로 만약 제가 최종적으로 말할 권리나 권위가 하나님께 있다고 생각한다면, 비록 제 생각이 다를지라도 하나님이 그것을 아기라고 부르시면 저 또한 동일하게 아기라고 이름 지어야 하는 것이지요. 왜냐하면 진실이 무엇인지 알고 계시는 하나님의 권위에 순복하기로 결정했기 때문이 아닌가요?"

"그래, 빨리 알아듣는구나." 권위자는 나를 격려하며 말을 계속 이어 나갔다. "또 다른 예를 들어 볼까? 사막을 바라보고 있는 두 개의 다른 무리가 있는데, 이들은 같은 것을 보면서도 매우 다르게 받아들이고 있단다. 한 무리는 그 땅이 저주받았다고 여겼는데, 땅이 척박하게 된 것은 알라(Allah)의 뜻이라고 받아들였지. 모든 권위는 알라에게 있으므로, 그들은 태양의 움직임보다 알라의 뜻을 바꾸는 게 더 어렵다고 여기지. 그래서 어떤 것도 바꾸어 보려고 하지 않고, 알라에게서 온 자신들의 운명을 받아들이며 저주 아래서 살아가고 있지. 한편으로 또 다른 무리는 그 땅을 하나님이 주신 축복의 땅으로 여겼지. 그래서 하나님이 임명하신 관리자로서 땅을 대했다. 땅을 잘 관리하여 유용하게 사용하고 지키는 것이 자신들의 책임이라고 받아들였지. 그들은 물을 끌어오고, 여러 종류의 과실수를 심고, 심지어 숲을 가꾸어 나갔지. 얼마 후에 그들의 노고는 결실을 맺었고, 그 땅은 풍성한 열매를 생산해 내었단다."

나는 머리를 끄덕이며 나의 생각을 큰 소리로 말했다. "하나님을 보는 관점과 그분의 관점을 받아들이는 태도에 따라 우리 자신을 어떻게 봐야 할지, 그리고 무엇을 하며 살아야 할지가 결정되는 것이군요. 그렇다면 우리가 동일한 세상을 바라본다 하더라도, 누구 또는 무엇에게 권위를 주느냐에 따라 세상을 다르게 받아들일 수 있겠네요. 권위자께서 제게 설명을 해주시는 동안, 모래에 대해 생각해 봤어요. 어떤 사람들은 손 안에 든 모래를 바라보며 아무짝에도 쓸모없는 쓰레기라고 생각하지요. 그저 쓸어 담아 밖으로 던져 버려야 하는 귀찮은 존재 정도로만요. 그런데 어떤 사람들은 새로운 방식으로 모래를 바라보았고, 그래서 모래를 이용하여 유리를 만들어 냈어요. 얼마든지 밖을 보게 해주면서도 바람과 추운 날씨로부터 보호해 주는 투명한 물질을 말이에요. 또 다른 사람은 현대 과학기술의 기반을 제공한 실리콘 컴퓨터 칩의 기초를 만들어 냈지요. 그 이전에는 그런 식으로 한 번도 보지 못했고요."

"너는 권위에 대해 아주 확실하게 이해할 필요가 있단다. 왜냐하면 그것은 세상을 보는 너의 관점과 모든 생명을 이름 짓는 기초가 되기 때문이지!" 권위자가 강조하며 말했다.

"이건 그냥 한번 해본 생각인데요. 만약에 그것이 사실이라면, 모든 것은 마음에서 시작된다고 말할 수 있을까요?"

"그래, 바로 그렇단다. 하지만 내 질문은 그것이 누구의 마음이냐 하는 것이지."

"아, 무슨 말씀인지 알 것 같아요." 나는 문득 머릿속에 무언가가 떠올라 잠시 가만히 있었다. "제가 신뢰한다면, 그것이 누구의 마음이든 상관없이 바로 그것을 통해 답을 찾아보게 된다는 것이죠? 그렇다면 제 생각에서 제 자신을 제한한다거나 아니면 아버지나 어머니, 가족, 그리고 어쩌면 문화 안에서 저를 제한할 수도 있겠군요. 그러고는 답을 찾는 자원으로 그들을 대하며 바라보게 되겠죠. 그러나 제가 오직 하나님의 권위에만 순복하기로 한다면, 당연히 모든 자원은 그분의 마음에서 시작될 것이고 저는 그분의 도움만 구하면 되겠네요."

나는 숨을 한번 깊이 들이쉬고 나서 다시 물었다. "질문이 하나 더 있는데요. 음, 그것을 어떻게 개인의 수준에서 적용할 수 있을까요?"

"그게 무슨 말이냐?" 권위자가 말했다.

"글쎄요. 저에게는 아주 어렸을 적의 기억부터 시작해서 가족과 문화가 제게 준 매우 강한 감정들과 경험이 남아 있어요. 저는 제 머릿속에 떠오르는 것이라면 무엇이든 마음대로 할 수 있다는 터프가이의 이미지를 얻게 되었지요. 그래서 제 스스로 거칠고 독립적인 이름을 갖게 되었어요. 사람들은 가끔 제게 '너는 어떤 것도 제대로 이루지 못할 거야'라고 말을 했지요. 그리고 저는 그들의 평가를 제 권위로 따르기로 했었죠. 그 경험들은 제가 어떠한 사람이 되어야 하는지 제 이름을 결정했어요. 이 문제는 대체 어떻게 해결할 수 있을까요?"

"그것들이 매우 실질적인 경험들이고, 우리가 성장하면서 받게 되는 이미지라고 생각되는구나. 그것들을 부정하지는 않으마. 하지만 어떤 것을 경험하느냐와 그것을 어떻게 받아들이느냐는 분명한 차이점이 있단다. 우리의 경험들을 해석하는 것은 최종적인 권위가 누구에게 있느냐에 달려 있지. 만약 나 자신이 최종 권위를 갖기 원한다면, 그 경험들이 무슨 의미였는지 최종적으로 말할 수 있는 사람은 나 자신이 되겠지. 만약 좋으신 하나님이 최종 권위를 갖기 바란다면, 그분의 위대한 이해하심 앞에 우리 자리를 양보하고 그 경험들이 어떤 의미를 가지고 있는지 알려 달라고 그분께 도움을 청하면 될 테고 말이야."

"그러니까 개인의 단계에서도 역시 핵심은 저에 대해 가장 잘 아는 누군가를 신뢰하는 것이고, 바로 그것에 따라 저의 진정한 이름을 찾을 수 있다는 것인가요?" 나는 곰곰이 생각했다.

권위자가 머리를 끄덕였다. "그래, 바로 그거야! 권위를 가져야 할 누군가를 찾을 때, 너는 가장 지혜롭고 가장 영향력이 있으며 너에게 가장 좋은 것이 무엇인지 진정으로 바라는 이를 찾아야 한다. 그 사람을 만나게 되면 너는 진정한 권위를 가지고 있는 누군가를 찾게 될 게다."

3부

우리에게 이름 주신 분이 누구인지 알려 주기 위해 오신 분이 있다. 그분은 **다스리는 이름 주신 분의 아들**(The Son of The Sovereign Namer)로서, 우리 가운데 거하는 이름 주신 분의 실제적인 표현이다. 그분은 우리에게 **다스리는 이름 주신 분**(The Sovereign Namer)을 계시하고, 우리의 이름을 돌려주기 위해 오셨다.

20장

그 후 예수님은 사탄에게 시험을 받기 위해 광야로 보내지셨다. 예수님은 40일 동안 금식하셨기 때문에, 몹시 배가 고프셨다.

유혹하는 자가 말했다. "네가 만약 **다스리는 이름 주신 분의 아들**(The Son of The Sovereign Namer)이거든, 그것을 증명해 봐라. 지금 너는 굶주려 있고, 음식이 없어서 죽을 지경이 아니냐. 네 말대로 정말 네게 그러한 정체성이 있다면, 너는 그것을 증명하기만 하면 되는 거야. 여기 이 돌들을 빵이라고 한번 불러 봐라. 그것이 네가 누구인지 증명시켜 줄 테니까."

예수님이 그에게 대답하셨다. "이미 기록된 것처럼, 이 돌들을 빵이라고 부른다 할지라도, 그것이 내가 누구인지 증명해 주는 것은 아니다. 사람은 자신의 이름이 아니라 하나님이 그에게 말씀하신 새로운 정체성에 의해 살아가는 존재이기 때문이다. 하나님이 말씀하신 바로 그 정체성만으로도 내 대답은 충분하지."

그다음에 사탄은 예수님을 거룩한 성으로 데려갔다. 그리고 그분을 성전의 가장 높은 첨탑에 세워 두고 말했다. "네가 만약 다스리는 이름 주신 분의 아들(The Son of The Sovereign Namer)이거든, 어디 한번 증명해 봐라. 우리는 지금 네 백성 앞에 서 있다. 네가 이곳에서 뛰어내려도 털끝 하나 다치지 않는다면, 저들은 네가 원하는 이름이라면 무엇이든 줄 것이다. 하나님이 너를 보호하도록 천사들을 보내셔서 그들의 손으로 너를 받들어 네 발이 돌에 부딪치지 않게 하실 것이라고 기록되어 있지 않느냐."

예수님이 그에게 말씀하셨다. "또 이렇게도 기록되어 있지. 주 너의 하나님을 시험하지 말라고. 정체성에 대해 증명하도록 하나님께 억지로 강요하지 말라고 말이야."

또다시 사탄은 예수님을 매우 높은 산으로 데려갔다. 그는 세상의 모든 왕국과 그들의 영광을 보여 주며 이렇게 말했다. "나는 네가 다스리는 이름 주신 분의 아들^{The Son of The Sovereign Namer}임을 잘 안다. 만일 네 자신의 정체성을 좀 더 쉽게 나타내는 방법을 택한다면, 눈에 보이는 이 모든 것을 네게 주마! 결국에는 네가 이 모든 것을 갖게 되겠지만, 나는 단지 그것을 조금 더 빨리 이룰 수 있는 훨씬 간단한 방법을 알려 주려는 것뿐이야. 그저 너는 나를 다스리는 이름 주는 자로 불러 주면 된다."

그러자 예수님이 그에게 말씀하셨다. "사탄아, 당장 여기를 떠나거라! 이렇게 기록되었으니, 다스리는 이름 주신 분^{The Sovereign Namer}

은 오직 한 분밖에 없으며, 그분만이 찬양받기에 합당하신 분이다. 또한 그분만이 우리의 유일한 정체성을 세워 주시는 분이며, 최고의 영광을 받으실 분이다. 그분의 존귀하심에 대한 나의 감사를 받기에 합당하신 분이다."

그 후 사탄은 예수님을 떠났다. 그리고 천사들이 내려와 예수님을 섬겼다.

21장

사탄은 온 땅을 뒤덮은 채 목을 조르고 있었다. 마치 출산 중인 여인처럼, 극심한 산고의 고통은 흑암 가운데 생명을 가져왔다. 한낮의 태양이 사라지자, 십자가 주변에 있던 사람들이 몸을 숙이며 서로 가까이 모였다.

누군가 속삭이며 말했다. "이게 대체 무슨 일이래요?"

또 다른 누군가가 속삭였다. "바로 예수 때문이라네. 그는 바로 자신의 이름과 정체성이 동일한 첫 번째 사람이라더군. 우리는 스스로 우리의 이름을 알 수 없고, 가지고 있을 수도 없다는 것을 알려 주신 분이라고 하던걸."

The Son of The Name Above All Names
모든 이름 위에 뛰어난 이름의 아들이신 예수님이 머리를 떨어뜨리며 말씀하셨다. "다 이루었다." 그리고 그분의 영이 떠나가셨다.

바로 그 순간, 그분의 새로운 이름이 계시되었다. 그것은 태초부터 하나님의 마음과 함께 있던 이름이었다. 사람들의 이기심은 그분의 이름을 새롭게 나타낼 기회를 하나님께 드렸다. 거룩하고 흠이 없으며 다스리시는 겸손하신 그분이 세상의 모든 죄를 마음속에 품은 채 십자가 위에 매달려 계셨다. 그분은 우리의 형벌을 그분의 몸으로 대신 지셨으며, 새로운 이름을 보여 주셨다. 그 이름은 세상의 모든 죄를 감당하신 The Lamb of God **하나님의 어린양**이었다.

죽음은 고통의 비명을 지르며 있는 힘껏 그분께 매달려 그분을 사로잡았다. 죽음은 사흘 동안이나 그분을 붙들고 있었다. 그러나 죽음도 그분 이름의 권능을 멈추지 못했다. 사흘 동안 예수님은 지옥으로 내려가셨으며, 그곳에서 우리의 진정한 정체성에 대해 선포하기 시작하셨다. 이제 우리의 이름은 우리의 정체성이 되었다.

그 이름이 무엇인지 당신이 들을 수 있다면 주의 깊게 들어 보라.

"나는 스스로 있는 자다." 예수님의 목소리가 그분의 존재하심을 선언했다. 그리고 하나님의 새로운 이름이 선포되었다. "나는 세상 죄를 감당하신 하나님의 어린양이니라."

어두움이 겁에 질려 잔뜩 움츠렸다. 계속 도망해도 더는 숨을 곳이 없었다. 그분의 이름이 선포되자, 깊은 흑암에서 울부짖는 소리들이 떠올랐다. 어두움과 잿더미 사이에서, 밤하늘에 피어나는 불꽃처럼 목소리들이 하나둘 희미하게 들려오기 시작했다.

"제가 여기에 있습니다. 당신이 이곳에 오실 줄 알고 있었습니다."

"저도 이쪽에 있습니다. 저는 묶여 있어서 일어날 수가 없습니다."

"예, 저도 들립니다. 그런데 갇혀 있어서 꼼짝할 수가 없습니다. 다시 한 번 당신의 이름을 말씀해 주세요."

"저는 당신이 바로 예수님인 것을 알고 있습니다. 어느 곳에서도 당신의 목소리인 것을 알겠습니다."

"이제 때가 되었군요. 당신이 오실 줄 알고 있었습니다. 저는 준비가 되었습니다."

예수님은 그 목소리를 하나하나 주의 깊게 들으셨다. 그러고는 이렇게 선포하셨다. "나의 목소리를 알고 있는 자들아. 자기 마음속의 이기심에서 돌아선 자들아. 나의 권위에 순종하는 자들아. 나의 이름을 사랑하고 갈망하는 모든 자여."

천이 두 조각으로 찢기는 듯한 큰 소리가 들렸다. 예수님은 온 인류를 덮고 있던 죄의 그림자를 거두어 버리셨다. 그리고 우리의 진짜 이름을 부르셨다.

"The Most High Father
지극히 높으신 아버지의 아들들아, 앞으로 나오느라."

"The Most High Father
지극히 높으신 아버지의 딸들아, 앞으로 나오느라."

바로 그곳에 처음이자 마지막으로 빛이 비추었다. 많은 피조물이 고통 가운데 울부짖으며, 바위 밑으로 숨고자 도망했다. 그분의 목소리를 아는 자들은 그분이 불러 주시는 자신들의 이름을 기쁘게 받아들이며 하나님의 가족으로 함께 섰다. 그들은 바로 The Most High Sovereign Namer 지극히 높으시며 다스리는 이름 주신 분의 아들과 딸들이었다.

사흘째 되던 날, 예수님은 그분 앞에 맞서는 또 다른 그림자를 정복하셨다. 죽음은 단번에, 그리고 모든 이 앞에서 패배했다.

예수님은 죽음과 지옥의 열쇠를 들고 제자들을 찾아가셨다. 그러고는 제자들에게 이렇게 말씀하셨다. "인류의 정체성을 정의하는 모든 권위가 이제 회복되었다. 그러므로 너희는 가서 모든 속임 당한 자들과 내게 저항하며 이름 짓는 자들에게, 생명의 아버지(The Father of Life)는 그들의 어리석음에 화나지 않으셨다고 알려 주어라. 그분은 그들의 진정한 이름을 돌려주기 위한 길을 준비하셨다. 그 이름은 그들이 누구인가에 달려 있는 것이 아니라, 바로 내가 누구인가에 달려 있다. 어서 가서 그들을 불러오너라."

"지극히 높으신 아버지(The Most High Father)의 아들들아, 앞으로 나오너라."

"지극히 높으신 아버지(The Most High Father)의 딸들아, 앞으로 나오너라."

"나는 마지막 날까지 너희가 가는 길을 함께 걷겠다."

에필로그

이제 마지막 때가 되었다. 고뇌, 고통, 갈등 그리고 우리가 살고 있는 세상의 모든 드라마가 막을 내렸다. 모든 인류가 하나님의 보좌 앞에 펼쳐진 평원에 함께 모였다. 바다가 죽은 자들을 내어 놓았다. 죽은 자들이 땅의 깊은 곳에서 나왔다. 심지어 죽음과 음부(Hades)도 죽은 자들을 쏟아 냈으며, 큰 자나 작은 자 할 것 없이 모두 하나님 앞에 모였다. 과거에 삶을 경험했던 자와 지금도 생명의 호흡을 붙들고 있는 자가 모두 그곳에 있었다.

　예수님은 커다란 책을 꺼내어 보좌 앞에 있는 제단에 올려놓으셨다. '생명책'이라고 적혀 있는 책이었다.

　예수님이 그 책 앞에 서서 말씀하셨다. "이 책은 우리 가족에 대한 책이다. 너희가 우리의 이름을 받아들이고 우리 가족으로 인정되었다면, 너희의 이름은 이 책 안에 있을 것이다. 너희가 잘 이해하도록 이것을 명확하게 다시 말하겠다. 만약 너희가 지극히 높으신 아버지(The Most High Father)의 아들이거나 딸이라면, 나의 아버지를 너희의 아버지로 인정했다면, 너희를 향한 우리의 이름을 받아들였다면, 너희의 이름은 이 생명책 안에 기록되어 있을 것이다. 이제 정말 하나님의 가족으로 확정되는 시간이 되었다. 너희의 이름이 불리면, 앞으로 나아오라."

　이 말을 마치고 예수님이 천천히 생명책을 펼치셨다. 그러고는 책에 적힌 이름들을 읽어 내려 가셨다. 그러자 마치 시간이 멈추어 선 것만 같았다. 하나님이 주신 이름으로 살아온 자들에게서 큰 기쁨과 축하가 흘러넘쳤다.

생명책에 이름이 없는 자들은, 이름을 알 수도 이해할 수도 없는 완전한 어둠 속으로 쫓겨났다. 그리고 그곳의 모든 생명은 이름도 없이 고통의 불길 속에서 살아야 했다.

읽고 생각하고 결단하기

《스스로 이름 짓는 자》는 하나님의 성품, 그분과 우리의 관계, 정체성, 권위 등의 메시지를 다양한 상징과 은유에 담아 전하는 책이다. 자칫 가벼운 이야기나 표면적인 지식으로만 머물 수 있는 이 책의 내용을 더 깊이 되새기도록 돕고자 생각해 볼 질문을 마련했다. 이 질문들을 통해 하나님이 당신에게 말씀하기 원하시는 것을 깨닫고 결단하는 은혜가 있기를 소망한다.

'첫 번째 프롤로그'를 읽고

01. 이 책에서 '이름 짓는다'는 것이 의미하는 바가 무엇이라고 생각하는가?

02. '자신의 이름을 스스로 바꾼다'는 것의 의미는 무엇이라고 생각하는가?

03. 천사와 인간 모두 자신의 이름을 스스로 바꿨을 때, 비참한 결과를 맛보게 되었다. 그 이유는 무엇이라고 생각하는가?

04. 천사들의 반역 이후에 하나님은 인간을 지으셨다. 인간 역시 하나님을 거역할 수 있는 선택권을 갖고 있었다. 하나님은 왜 이렇게 또 한 번의 위험을 감수하셨을까?

05. 하나님은 왜 피조물의 이름을 짓는 것을 직접 마무리하지 않으셨을까?

06. 하나님은 왜 이름 짓는 권세를 인간에게 맡기셨을까?

07. 정체성, 즉 내가 누구인지를 결정하는 것의 근원이 무엇이라고 생각하는가?

08. '이름 짓는 것'과 정체성은 어떤 연관이 있다고 생각하는가?

09. '이름 짓는 것'과 권위는 어떤 연관이 있다고 생각하는가?

10. 정체성과 권위는 어떤 연관이 있다고 생각하는가?

11. '하나님의 자녀'라는 것과 '하나님과 똑같이 된다는 것'은 무슨 차이가 있는가?

12. 아담이 자신의 범죄를 '하나님이 주신' 하와의 탓으로 돌린 것은 무슨 의미라고 생각하는가? 아담의 이 행위가 남성과 여성, 남편과 아내의 관계에 어떤 영향을 주었는지 생각해 보라.

13. 자신이 누구인지 모른 채 이름 짓는 능력을 갖게 된 인간은 어떤 삶을 살게 되었는가?

'두 번째 프롤로그'를 읽고

인간이 진정한 정체성을 숨기게 된 이유가 무엇인지 생각해 보라.

'1부'를 읽고

01. 자기 자신에 대한 사울의 평가, 그리고 사울에 대한 '하나님이 보내신' 사람 사무엘의 평가는 서로 완전히 달랐다. 그 이유는 무엇이라고 생각하는가?

02. 하나님이 주신 정체성으로 사는 삶과 자신이 생각하는 정체성으로 사는 삶의 차이점을, 사울의 삶을 통해 찾아보라.

03. 하나님이 주시는 정체성을 받아들이지 못하는 이유를 사울의 삶을 통해 찾아보라.

04. 다른 사람이 주는 정체성을 받아들일 때 어떤 결과가 일어나는지 사울의 삶을 통해 생각해 보라.

'2부'를 읽고

사울과 다윗, 비슷한 조건과 환경에서 출발한 두 사람이 이토록 다른 삶을 살게 된 이유가 무엇이라고 생각하는가?

'3부'를 읽고

01. 정체성의 관점에서 볼 때, 사탄의 세 가지 시험을 통해 예수 그리스도께서 말씀하시는 것은 무엇인가?

02. 저자는 '자기 이름을 스스로 지은' 아담과 하와, '자기 이름을 스스로 짓기를 거절한' 예수 그리스도를 맨 처음과 나중에 소개한다. 이렇게 배치한 이유가 무엇이라고 생각하는가?

03. 사탄이 뱀을 통해 하와에게 했던 말과 예수 그리스도를 시험할 때 했던 말을 비교해 보라. 그가 인간에게 원하는 것이 무엇이라고 생각하는가?

04. 예수 그리스도는 왜 자기 이름을 스스로 짓기를 거절하셨다고 생각하는가?

05. 다시 한 번 묵상해 보라. 이 책에서 '이름 짓는다'는 것이 의미하는 바가 무엇이라고 생각하는가? 그리고 '자신의 이름을 스스로 바꾼다'는 것은 무슨 의미라고 생각하는가?

하나님의 이름 묵상하기

본문에는 하나님의 다양한 이름과 표현이 기록되어 있다. 제시된 성경말씀과 함께 전후 문맥을 살펴보며, 하나님이 어떤 분이신지 깊이 묵상해 보라. 그분의 권위와 권세가 여러분의 심령 깊이 새겨지는 시간이 되길 소망한다.

01. 순전하신 분 The Pure One 11p.

잠 30:5
하나님의 말씀은 다 순전하며 하나님은 그를 의지하는 자의 방패시니라

호 11:7-8
내 백성이 끝끝내 내게서 물러가나니 비록 그들을 불러 위에 계신 이에게로 돌아오라 할지라도 일어나는 자가 하나도 없도다 에브라임이여 내가 어찌 너를 버리겠느냐 내가 어찌 너를 아드마같이 두겠느냐 어찌 너를 스보임같이 두겠느냐 내 마음이 내 속에서 돌이키어 나의 긍휼이 온전히 불붙듯 하도다

막 12:1-12
예수께서 비유로 그들에게 말씀하시되 한 사람이 포도원을 만들어 산울타리로 두르고 즙 짜는 틀을 만들고 망대를 지어서 농부들에게 세로 주고 타국에 갔더니 때가 이르매 농부들에게 포도원 소출 얼마를 받으려고 한 종을 보내니 그들이 종을 잡아 심히 때리고 거저 보내었거늘 다시 다른 종을 보내니 그의 머리에 상처를 내고 능욕하였거늘 또 다른 종을 보내니 그들이 그를 죽이고 또 그 외 많은 종들도 더러는 때리고 더러는 죽인지라 이제 한 사람이 남았으니 곧 그가 사랑하는 아들이라 최후로 이를 보내며 이르되 내 아들은 존대하리라 하였더니 그 농부들이 서로 말하되 이는 상속자니 자 죽이자 그러면 그 유산이 우리 것이 되리라 하고 이에 잡아 죽여 포도원 밖에 내던졌느니라 포도원 주인이 어떻게 하겠느냐 와서 그 농부들을 진멸하고 포도원을 다른 사람들에게 주리라 너희가 성경에 건축자들이 버린 돌이 모퉁이의 머릿돌이 되었나니 이것은 주로 말미암아 된 것이

요 우리 눈에 놀랍도다 함을 읽어 보지도 못하였느냐 하시니라 그들이 예수의 이 비유가 자기들을 가리켜 말씀하심인 줄 알고 잡고자 하되 무리를 두려워하여 예수를 두고 가니라

02. 지혜로우신 분 The Wise One 11p, 14p

욥 9:3-4
사람이 하나님께 변론하기를 좋아할지라도 천 마디에 한 마디도 대답하지 못하리라 그는 마음이 지혜로우시고 힘이 강하시니 그를 거슬러 스스로 완악하게 행하고도 형통할 자가 누구이랴

잠 8:22-31
여호와께서 그 조화의 시작 곧 태초에 일하시기 전에 나를 가지셨으며 만세 전부터, 태초부터, 땅이 생기기 전부터 내가 세움을 받았나니 아직 바다가 생기지 아니하였고 큰 샘들이 있기 전에 내가 이미 났으며 산이 세워지기 전에, 언덕이 생기기 전에 내가 이미 났으니 하나님이 아직 땅도, 들도, 세상 진토의 근원도 짓지 아니하셨을 때에라 그가 하늘을 지으시며 궁창을 해면에 두르실 때에 내가 거기 있었고 그가 위로 구름 하늘을 견고하게 하시며 바다의 샘들을 힘 있게 하시며 바다의 한계를 정하여 물이 명령을 거스르지 못하게 하시며 또 땅의 기초를 정하실 때에 내가 그 곁에 있어서 창조자가 되어 날마다 그의 기뻐하신 바가 되었으며 항상 그 앞에서 즐거워하였으며 사람이 거처할 땅에서 즐거워하며 인자들을 기뻐하였느니라

롬 16:25-27

나의 복음과 예수 그리스도를 전파함은 영세 전부터 감추어졌다가 이제는 나타내신 바 되었으며 영원하신 하나님의 명을 따라 선지자들의 글로 말미암아 모든 민족이 믿어 순종하게 하시려고 알게 하신 바 그 신비의 계시를 따라 된 것이니 이 복음으로 너희를 능히 견고하게 하실 지혜로우신 하나님께 예수 그리스도로 말미암아 영광이 세세무궁하도록 있을지어다 아멘

03. 다스리시는 분 The Sovereign One 12p, 69p

출 15:11-18

여호와여 신 중에 주와 같은 자가 누구니이까 주와 같이 거룩함으로 영광스러우며 찬송할 만한 위엄이 있으며 기이한 일을 행하는 자가 누구니이까 주께서 오른손을 드신즉 땅이 그들을 삼켰나이다 주의 인자하심으로 주께서 구속하신 백성을 인도하시되 주의 힘으로 그들을 주의 거룩한 처소에 들어가게 하시나이다 여러 나라가 듣고 떨며 블레셋 주민이 두려움에 잡히며 에돔 두령들이 놀라고 모압 영웅이 떨림에 잡히며 가나안 주민이 다 낙담하나이다 놀람과 두려움이 그들에게 임하매 주의 팔이 크므로 그들이 돌같이 침묵하였사오니 여호와여 주의 백성이 통과하기까지 곧 주께서 사신 백성이 통과하기까지였나이다 주께서 백성을 인도하사 그들을 주의 기업의 산에 심으시리이다 여호와여 이는 주의 처소를 삼으시려고 예비하신 것이라 주여 이것이 주의 손으로 세우신 성소로소이다 여호와께서 영원무궁

하도록 다스리시도다 하였더라

시 99편

여호와께서 다스리시니 만민이 떨 것이요 여호와께서 그룹 사이에 좌정하시니 땅이 흔들릴 것이로다 시온에 계시는 여호와는 위대하시고 모든 민족보다 높으시도다 주의 크고 두려운 이름을 찬송할지니 그는 거룩하심이로다 능력 있는 왕은 정의를 사랑하느니라 주께서 공의를 견고하게 세우시고 주께서 야곱에게 정의와 공의를 행하시나이다 너희는 여호와 우리 하나님을 높여 그의 발등상 앞에서 경배할지어다 그는 거룩하시도다 그의 제사장들 중에는 모세와 아론이 있고 그의 이름을 부르는 자들 중에는 사무엘이 있도다 그들이 여호와께 간구하매 응답하셨도다 여호와께서 구름 기둥 가운데서 그들에게 말씀하시니 그들은 그가 그들에게 주신 증거와 율례를 지켰도다 여호와 우리 하나님이여 주께서는 그들에게 응답하셨고 그들의 행한 대로 갚기는 하셨으나 그들을 용서하신 하나님이시니이다 너희는 여호와 우리 하나님을 높이고 그 성산에서 예배할지어다 여호와 우리 하나님은 거룩하심이로다

렘 25:9-18

보라 내가 북쪽 모든 종족과 내 종 바벨론의 왕 느부갓네살을 불러다가 이 땅과 그 주민과 사방 모든 나라를 쳐서 진멸하여 그들을 놀램과 비웃음 거리가 되게 하며 땅으로 영원한 폐허가 되게 할 것이라 여호와의 말씀이니라 내가 그들 중에서 기뻐하는 소리와 즐거워하는 소리와 신랑의 소리와 신부의 소리와 맷돌 소리와 등불 빛이 끊어지게 하리니 이 모든 땅이 폐허가 되어 놀랄 일이 될 것이며 이 민족들은 칠십 년 동안 바벨론의 왕을 섬기리라 여호와의 말씀이니라 칠십 년이 끝나면 내가 바벨론의 왕과 그의 나라와 갈대아인의 땅을 그

죄악으로 말미암아 벌하여 영원히 폐허가 되게 하되 내가 그 땅을 향하여 선언한 바 곧 예레미야가 모든 민족을 향하여 예언하고 이 책에 기록한 나의 모든 말을 그 땅에 임하게 하리라 그리하여 여러 민족과 큰 왕들이 그들로 자기들을 섬기게 할 것이나 나는 그들의 행위와 그들의 손이 행한 대로 갚으리라 이스라엘의 하나님 여호와께서 이같이 내게 이르시되 너는 내 손에서 이 진노의 술잔을 받아가지고 내가 너를 보내는 바 그 모든 나라로 하여금 마시게 하라 그들이 마시고 비틀거리며 미친 듯이 행동하리니 이는 내가 그들 중에 칼을 보냈기 때문이니라 하시기로 내가 여호와의 손에서 그 잔을 받아서 여호와께서 나를 보내신 바 그 모든 나라로 마시게 하되 예루살렘과 유다 성읍들과 그 왕들과 그 고관들로 마시게 하였더니 그들이 멸망과 놀램과 비웃음과 저주를 당함이 오늘과 같으니라

04. 살아 계신 말씀 The Living Word 12p

창 1:3
하나님이 이르시되 빛이 있으라 하시니 빛이 있었고

시 19:1-4
하늘이 하나님의 영광을 선포하고 궁창이 그의 손으로 하신 일을 나타내는도다 날은 날에게 말하고 밤은 밤에게 지식을 전하니 언어도 없고 말씀도 없으며 들리는 소리도 없으나 그의 소리가 온 땅에 통하고 그의 말씀이 세상 끝까지 이르도다 하나님이 해를 위하여 하늘에 장막을 베푸셨도다

요 1:1-14

태초에 말씀이 계시니라 이 말씀이 하나님과 함께 계셨으니 이 말씀은 곧 하나님이시니라 그가 태초에 하나님과 함께 계셨고 만물이 그로 말미암아 지은 바 되었으니 지은 것이 하나도 그가 없이는 된 것이 없느니라 그 안에 생명이 있었으니 이 생명은 사람들의 빛이라 빛이 어둠에 비치되 어둠이 깨닫지 못하더라 하나님께로부터 보내심을 받은 사람이 있으니 그의 이름은 요한이라 그가 증언하러 왔으니 곧 빛에 대하여 증언하고 모든 사람이 자기로 말미암아 믿게 하려 함이라 그는 이 빛이 아니요 이 빛에 대하여 증언하러 온 자라 참 빛 곧 세상에 와서 각 사람에게 비추는 빛이 있었나니 그가 세상에 계셨으며 세상은 그로 말미암아 지은 바 되었으되 세상이 그를 알지 못하였고 자기 땅에 오매 자기 백성이 영접하지 아니하였으나 영접하는 자 곧 그 이름을 믿는 자들에게는 하나님의 자녀가 되는 권세를 주셨으니 이는 혈통으로나 육정으로나 사람의 뜻으로 나지 아니하고 오직 하나님께로부터 난 자들이니라 말씀이 육신이 되어 우리 가운데 거하시매 우리가 그의 영광을 보니 아버지의 독생자의 영광이요 은혜와 진리가 충만하더라

05. 완전하신 분 The Perfect One 12p

신 32:4

그는 반석이시니 그가 하신 일이 완전하고 그의 모든 길이 정의롭고 진실하고 거짓이 없으신 하나님이시니 공의로우시고 바르시도다

롬 12:2
너희는 이 세대를 본받지 말고 오직 마음을 새롭게 함으로 변화를 받아 하나님의 선하시고 기뻐하시고 온전하신 뜻이 무엇인지 분별하도록 하라

고후 12:9
나에게 이르시기를 내 은혜가 네게 족하도다 이는 내 능력이 약한 데서 온전하여짐이라 하신지라 그러므로 도리어 크게 기뻐함으로 나의 여러 약한 것들에 대하여 자랑하리니 이는 그리스도의 능력이 내게 머물게 하려 함이라

06. 전지(全知)하신 분 The All Knowing One 12p

창 3:8-11
그들이 그날 바람이 불 때 동산에 거니시는 여호와 하나님의 소리를 듣고 아담과 그의 아내가 여호와 하나님의 낯을 피하여 동산 나무 사이에 숨은지라 여호와 하나님이 아담을 부르시며 그에게 이르시되 네가 어디 있느냐 이르되 내가 동산에서 하나님의 소리를 듣고 내가 벗었으므로 두려워하여 숨었나이다 이르시되 누가 너의 벗었음을 네게 알렸느냐 내가 네게 먹지 말라 명한 그 나무 열매를 네가 먹었느냐

행 1:23-26
그들이 두 사람을 내세우니 하나는 바사바라고도 하고 별명은 유스

도라고 하는 요셉이요 하나는 맛디아라 그들이 기도하여 이르되 뭇 사람의 마음을 아시는 주여 이 두 사람 중에 누가 주님께 택하신 바 되어 봉사와 및 사도의 직무를 대신할 자인지를 보이시옵소서 유다는 이 직무를 버리고 제 곳으로 갔나이다 하고 제비 뽑아 맛디아를 얻으니 그가 열한 사도의 수에 들어가니라

롬 8:27
마음을 살피시는 이가 성령의 생각을 아시나니 이는 성령이 하나님의 뜻대로 성도를 위하여 간구하심이니라

07. 삶의 주관자 The Author of Life 13p

창 1:31
하나님이 지으신 그 모든 것을 보시니 보시기에 심히 좋았더라 저녁이 되고 아침이 되니 이는 여섯째 날이니라

시 95:6
오라 우리가 굽혀 경배하며 우리를 지으신 여호와 앞에 무릎을 꿇자

계 4:11
우리 주 하나님이여 영광과 존귀와 권능을 받으시는 것이 합당하오니 주께서 만물을 지으신지라 만물이 주의 뜻대로 있었고 또 지으심을 받았나이다 하더라

08. 겸손하신 분 The Humble One 13p

창 2:19

여호와 하나님이 흙으로 각종 들짐승과 공중의 각종 새를 지으시고 아담이 무엇이라고 부르나 보시려고 그것들을 그에게로 이끌어 가시니 아담이 각 생물을 부르는 것이 곧 그 이름이 되었더라

슥 9:9

시온의 딸아 크게 기뻐할지어다 예루살렘의 딸아 즐거이 부를지어다 보라 네 왕이 네게 임하시나니 그는 공의로우시며 구원을 베푸시며 겸손하여서 나귀를 타시나니 나귀의 작은 것 곧 나귀 새끼니라

빌 2:5-8

너희 안에 이 마음을 품으라 곧 그리스도 예수의 마음이니 그는 근본 하나님의 본체시나 하나님과 동등됨을 취할 것으로 여기지 아니하시고 오히려 자기를 비워 종의 형체를 가지사 사람들과 같이 되셨고 사람의 모양으로 나타나사 자기를 낮추시고 죽기까지 복종하셨으니 곧 십자가에 죽으심이라

09. 다스리는 창조주 The Sovereign Creator 16p

창 2:8

여호와 하나님이 동방의 에덴에 동산을 창설하시고 그 지으신 사람을 거기 두시니라

시 8편

여호와 우리 주여 주의 이름이 온 땅에 어찌 그리 아름다운지요 주의 영광이 하늘을 덮었나이다 주의 대적으로 말미암아 어린아이들과 젖먹이들의 입으로 권능을 세우심이여 이는 원수들과 보복자들을 잠잠하게 하려 하심이니이다 주의 손가락으로 만드신 주의 하늘과 주께서 베풀어 두신 달과 별들을 내가 보오니 사람이 무엇이기에 주께서 그를 생각하시며 인자가 무엇이기에 주께서 그를 돌보시나이까 그를 하나님보다 조금 못하게 하시고 영화와 존귀로 관을 씌우셨나이다 주의 손으로 만드신 것을 다스리게 하시고 만물을 그의 발 아래 두셨으니 곧 모든 소와 양과 들짐승이며 공중의 새와 바다의 물고기와 바닷길에 다니는 것이니이다 여호와 우리 주여 주의 이름이 온 땅에 어찌 그리 아름다운지요

시 103:22

여호와의 지으심을 받고 그가 다스리시는 모든 곳에 있는 너희여 여호와를 송축하라 내 영혼아 여호와를 송축하라

10. 아버지 My Father 19p

막 14:36

이르시되 아빠 아버지여 아버지께는 모든 것이 가능하오니 이 잔을 내게서 옮기시옵소서 그러나 나의 원대로 마시옵고 아버지의 원대로 하옵소서 하시고

롬 8:15
너희는 다시 무서워하는 종의 영을 받지 아니하고 양자의 영을 받았으므로 우리가 아빠 아버지라고 부르짖느니라

갈 4:6
너희가 아들이므로 하나님이 그 아들의 영을 우리 마음 가운데 보내사 아빠 아버지라 부르게 하셨느니라

11. 다스리는 이름 주신 분 The Sovereign Namer 19p, 24p, 38p, 100p, 101p, 141p, 145p

창 23:6
내 주여 들으소서 당신은 우리 가운데 있는 하나님이 세우신 지도자이시니 우리 묘실 중에서 좋은 것을 택하여 당신의 죽은 자를 장사하소서 우리 중에서 자기 묘실에 당신의 죽은 자 장사함을 금할 자가 없으리이다

렘 10:12
여호와께서 그의 권능으로 땅을 지으셨고 그의 지혜로 세계를 세우셨고 그의 명철로 하늘을 펴셨으며

롬 14:4
남의 하인을 비판하는 너는 누구냐 그가 서 있는 것이나 넘어지는 것이 자기 주인에게 있으매 그가 세움을 받으리니 이는 그를 세우시는 권능이 주께 있음이라

12. 전능(全能)하신 분 The All Powerful One 20p

창 17:1
아브람이 구십구 세 때에 여호와께서 아브람에게 나타나서 그에게 이르시되 나는 전능한 하나님이라 너는 내 앞에서 행하여 완전하라

욥 33:4
하나님의 영이 나를 지으셨고 전능자의 기운이 나를 살리시느니라

계 19:6
또 내가 들으니 허다한 무리의 음성과도 같고 많은 물 소리와도 같고 큰 우렛소리와도 같은 소리로 이르되 할렐루야 주 우리 하나님 곧 전능하신 이가 통치하시도다

13. 상심하신 분 The Broken One 25p

마 9:35-36
예수께서 모든 도시와 마을에 두루 다니사 그들의 회당에서 가르치시며 천국 복음을 전파하시며 모든 병과 모든 약한 것을 고치시니라 무리를 보시고 불쌍히 여기시니 이는 그들이 목자 없는 양과 같이 고생하며 기진함이라

마 23:37
예루살렘아 예루살렘아 선지자들을 죽이고 네게 파송된 자들을 돌로 치는 자여 암탉이 그 새끼를 날개 아래에 모음같이 내가 네 자녀를

모으려 한 일이 몇 번이더냐 그러나 너희가 원하지 아니하였도다

막 14:32-36
그들이 겟세마네라 하는 곳에 이르매 예수께서 제자들에게 이르시되 내가 기도할 동안에 너희는 여기 앉아 있으라 하시고 베드로와 야고보와 요한을 데리고 가실새 심히 놀라시며 슬퍼하사 말씀하시되 내 마음이 심히 고민하여 죽게 되었으니 너희는 여기 머물러 깨어 있으라 하시고 조금 나아가사 땅에 엎드리어 될 수 있는 대로 이때가 자기에게서 지나가기를 구하여 이르시되 아빠 아버지여 아버지께는 모든 것이 가능하오니 이 잔을 내게서 옮기시옵소서 그러나 나의 원대로 마시옵고 아버지의 원대로 하옵소서 하시고

14. 사랑이신 분 The Loving One 25p

요 3:16
하나님이 세상을 이처럼 사랑하사 독생자를 주셨으니 이는 그를 믿는 자마다 멸망하지 않고 영생을 얻게 하려 하심이라

요일 4:8
사랑하지 아니하는 자는 하나님을 알지 못하나니 이는 하나님은 사랑이심이라

계 1:5
또 충성된 증인으로 죽은 자들 가운데에서 먼저 나시고 땅의 임금들

의 머리가 되신 예수 그리스도로 말미암아 은혜와 평강이 너희에게
있기를 원하노라 우리를 사랑하사 그의 피로 우리 죄에서 우리를 해
방하시고

15. 공의로우신 분 The Just One 25p

신 32:4

그는 반석이시니 그가 하신 일이 완전하고 그의 모든 길이 정의롭고
진실하고 거짓이 없으신 하나님이시니 공의로우시고 바르시도다

사 51:4-6

내 백성이여 내게 주의하라 내 나라여 내게 귀를 기울이라 이는 율법
이 내게서부터 나갈 것임이라 내가 내 공의를 만민의 빛으로 세우리
라 내 공의가 가깝고 내 구원이 나갔은즉 내 팔이 만민을 심판하리니
섬들이 나를 앙망하여 내 팔에 의지하리라 너희는 하늘로 눈을 들며
그 아래의 땅을 살피라 하늘이 연기같이 사라지고 땅이 옷같이 해어
지며 거기에 사는 자들이 하루살이같이 죽으려니와 나의 구원은 영
원히 있고 나의 공의는 폐하여지지 아니하리라

살후 1:7

환난을 받는 너희에게는 우리와 함께 안식으로 갚으시는 것이 하나
님의 공의시니 주 예수께서 자기의 능력의 천사들과 함께 하늘로부
터 불꽃 가운데에 나타나실 때에

16. 진리이신 분 The Truthful One 40p

시 25:5
주의 진리로 나를 지도하시고 교훈하소서 주는 내 구원의 하나님이시니 내가 종일 주를 기다리나이다

요 14:6
예수께서 이르시되 내가 곧 길이요 진리요 생명이니 나로 말미암지 않고는 아버지께로 올 자가 없느니라

엡 4:21
진리가 예수 안에 있는 것 같이 너희가 참으로 그에게서 듣고 또한 그 안에서 가르침을 받았을진대

17. 은혜로우신 분 The Gracious One 41p

창 6:8
그러나 노아는 여호와께 은혜를 입었더라

시 84:11
여호와 하나님은 해요 방패이시라 여호와께서 은혜와 영화를 주시며 정직하게 행하는 자에게 좋은 것을 아끼지 아니하실 것임이니이다

벧전 5:10
모든 은혜의 하나님 곧 그리스도 안에서 너희를 부르사 자기의 영

원한 영광에 들어가게 하신 이가 잠깐 고난을 당한 너희를 친히 온전하게 하시며 굳건하게 하시며 강하게 하시며 터를 견고하게 하시리라

18. 오랫동안 고통 받은 분 The Long Suffering One 41p

마 16:21

이때로부터 예수 그리스도께서 자기가 예루살렘에 올라가 장로들과 대제사장들과 서기관들에게 많은 고난을 받고 죽임을 당하고 제삼일에 살아나야 할 것을 제자들에게 비로소 나타내시니

히 5:7-10

그는 육체에 계실 때에 자기를 죽음에서 능히 구원하실 이에게 심한 통곡과 눈물로 간구와 소원을 올렸고 그의 경건하심으로 말미암아 들으심을 얻었느니라 그가 아들이시면서도 받으신 고난으로 순종함을 배워서 온전하게 되셨은즉 자기에게 순종하는 모든 자에게 영원한 구원의 근원이 되시고 하나님께 멜기세덱의 반차를 따른 대제사장이라 칭하심을 받으셨느니라

벧전 4:13

오히려 너희가 그리스도의 고난에 참여하는 것으로 즐거워하라 이는 그의 영광을 나타내실 때에 너희로 즐거워하고 기뻐하게 하려 함이라

19. 인내하시는 분 The Patient One 44p

렘 15:15
여호와여 주께서 아시오니 원하건대 주는 나를 기억하시며 돌보시사 나를 박해하는 자에게 보복하시고 주의 오래 참으심으로 말미암아 나로 멸망하지 아니하게 하옵시며 주를 위하여 내가 부끄러움 당하는 줄을 아시옵소서

딤전 1:16
그러나 내가 긍휼을 입은 까닭은 예수 그리스도께서 내게 먼저 일체 오래 참으심을 보이사 후에 주를 믿어 영생 얻는 자들에게 본이 되게 하려 하심이라

벧후 3:15
또 우리 주의 오래 참으심이 구원이 될 줄로 여기라 우리가 사랑하는 형제 바울도 그 받은 지혜대로 너희에게 이같이 썼고

20. 스스로 있는 자 I AM Who I Am 76p, 96p

창 1:1
태초에 하나님이 천지를 창조하시니라

출 3:14
하나님이 모세에게 이르시되 나는 스스로 있는 자이니라 또 이르시되 너는 이스라엘 자손에게 이같이 이르기를 스스로 있는 자가 나를

너희에게 보내셨다 하라

요 1:1
태초에 말씀이 계시니라 이 말씀이 하나님과 함께 계셨으니 이 말씀은 곧 하나님이시니라

21. 전능자 The Almighty 81p

삼상 17:45
다윗이 블레셋 사람에게 이르되 너는 칼과 창과 단창으로 내게 나아오거니와 나는 만군의 여호와의 이름 곧 네가 모욕하는 이스라엘 군대의 하나님의 이름으로 네게 나아가노라

렘 50:18
그러므로 만군의 여호와 이스라엘의 하나님이 이와 같이 말하노라 보라 내가 앗수르의 왕을 벌한 것 같이 바벨론의 왕과 그 땅을 벌하고

말 4:3
또 너희가 악인을 밟을 것이니 그들이 내가 정한 날에 너희 발바닥 밑에 재와 같으리라 만군의 여호와의 말이니라

22. 신비의 계시자 The Revealer of Mysteries 91p, 101p

암 3:7
주 여호와께서는 자기의 비밀을 그 종 선지자들에게 보이지 아니하시고는 결코 행하심이 없으시리라

눅 8:10
이르시되 하나님 나라의 비밀을 아는 것이 너희에게는 허락되었으나 다른 사람에게는 비유로 하나니 이는 그들로 보아도 보지 못하고 들어도 깨닫지 못하게 하려 함이라

고전 4:5
그러므로 때가 이르기 전 곧 주께서 오시기까지 아무것도 판단하지 말라 그가 어둠에 감추인 것들을 드러내고 마음의 뜻을 나타내시리니 그때에 각 사람에게 하나님으로부터 칭찬이 있으리라

23. 모든 이름 위에 뛰어난 이름 The Name Above All Names 96p, 113p

시 148:13
여호와의 이름을 찬양할지어다 그의 이름이 홀로 높으시며 그의 영광이 땅과 하늘 위에 뛰어나심이로다

엡 1:21
모든 통치와 권세와 능력과 주권과 이 세상뿐 아니라 오는 세상에 일컫는 모든 이름 위에 뛰어나게 하시고

빌 2:9

이러므로 하나님이 그를 지극히 높여 모든 이름 위에 뛰어난 이름을 주사

24. 친밀하신 분 The Intimate One 101p

마 28:20

내가 너희에게 분부한 모든 것을 가르쳐 지키게 하라 볼지어다 내가 세상 끝날까지 너희와 항상 함께 있으리라 하시니라

요 15:1-10

나는 참포도나무요 내 아버지는 농부라 무릇 내게 붙어 있어 열매를 맺지 아니하는 가지는 아버지께서 그것을 제거해 버리시고 무릇 열매를 맺는 가지는 더 열매를 맺게 하려 하여 그것을 깨끗하게 하시느니라 너희는 내가 일러준 말로 이미 깨끗하여졌으니 내 안에 거하라 나도 너희 안에 거하리라 가지가 포도나무에 붙어 있지 아니하면 스스로 열매를 맺을 수 없음 같이 너희도 내 안에 있지 아니하면 그러하리라 나는 포도나무요 너희는 가지라 그가 내 안에, 내가 그 안에 거하면 사람이 열매를 많이 맺나니 나를 떠나서는 너희가 아무것도 할 수 없음이라 사람이 내 안에 거하지 아니하면 가지처럼 밖에 버려져 마르나니 사람들이 그것을 모아다가 불에 던져 사르느니라 너희가 내 안에 거하고 내 말이 너희 안에 거하면 무엇이든지 원하는 대로 구하라 그리하면 이루리라 너희가 열매를 많이 맺으면 내 아버지께서 영광을 받으실 것이요 너희는 내 제자가 되리라 아버지께서 나

를 사랑하신 것 같이 나도 너희를 사랑하였으니 나의 사랑 안에 거하라 내가 아버지의 계명을 지켜 그의 사랑 안에 거하는 것 같이 너희도 내 계명을 지키면 내 사랑 안에 거하리라

계 3:20
볼지어다 내가 문 밖에 서서 두드리노니 누구든지 내 음성을 듣고 문을 열면 내가 그에게로 들어가 그와 더불어 먹고 그는 나와 더불어 먹으리라

25. 모든 선한 것을 주신 분 The Giver of All Good Things 111p

시 103:5
좋은 것으로 네 소원을 만족하게 하사 네 청춘을 독수리같이 새롭게 하시는도다

롬 11:29
하나님의 은사와 부르심에는 후회하심이 없느니라

약 1:17
온갖 좋은 은사와 온전한 선물이 다 위로부터 빛들의 아버지께로부터 내려오나니 그는 변함도 없으시고 회전하는 그림자도 없으시니라

26. 모든 마음의 소망이신 분 The Desire of All Hearts 122p

시 39:7
주여 이제 내가 무엇을 바라리요 나의 소망은 주께 있나이다

롬 5:3-5
다만 이뿐 아니라 우리가 환난 중에도 즐거워하나니 이는 환난은 인내를, 인내는 연단을, 연단은 소망을 이루는 줄 앎이로다 소망이 우리를 부끄럽게 하지 아니함은 우리에게 주신 성령으로 말미암아 하나님의 사랑이 우리 마음에 부은 바 됨이니

벧전 1:3
우리 주 예수 그리스도의 아버지 하나님을 찬송하리로다 그의 많으신 긍휼대로 예수 그리스도를 죽은 자 가운데서 부활하게 하심으로 말미암아 우리를 거듭나게 하사 산 소망이 있게 하시며

27. 생명의 아버지 The Father of Life 123p, 152p

창 2:7
여호와 하나님이 땅의 흙으로 사람을 지으시고 생기를 그 코에 불어넣으시니 사람이 생령이 되니라

고후 1:9-10
우리는 우리 자신이 사형 선고를 받은 줄 알았으니 이는 우리로 자기를 의지하지 말고 오직 죽은 자를 다시 살리시는 하나님만 의지하게

하심이라 그가 이같이 큰 사망에서 우리를 건지셨고 또 건지실 것이며 이 후에도 건지시기를 그에게 바라노라

계 22:17
성령과 신부가 말씀하시기를 오라 하시는도다 듣는 자도 오라 할 것이요 목마른 자도 올 것이요 또 원하는 자는 값없이 생명수를 받으라 하시더라

28. 지극히 높으신 아버지 The Most High Father 151p, 152p, 154p

엡 4:5-6
주도 한 분이시요 믿음도 하나요 세례도 하나요 하나님도 한 분이시니 곧 만유의 아버지시라 만유 위에 계시고 만유를 통일하시고 만유 가운데 계시도다

빌 4:20
하나님 곧 우리 아버지께 세세 무궁하도록 영광을 돌릴지어다 아멘

계 3:21
이기는 그에게는 내가 내 보좌에 함께 앉게 하여 주기를 내가 이기고 아버지 보좌에 함께 앉은 것과 같이 하리라

29. 지극히 높으시며 다스리는 이름 주신 분 The Most High Sovereign Namer 151p

대상 16:31
하늘은 기뻐하고 땅은 즐거워하며 모든 나라 중에서는 이르기를 여호와께서 통치하신다 할지로다

단 4:3
참으로 크도다 그의 이적이여, 참으로 능하도다 그의 놀라운 일이여, 그의 나라는 영원한 나라요 그의 통치는 대대에 이르리로다

계 19:6
또 내가 들으니 허다한 무리의 음성과도 같고 많은 물 소리와도 같고 큰 우렛소리와도 같은 소리로 이르되 할렐루야 주 우리 하나님 곧 전능하신 이가 통치하시도다

30. 다스리는 이름 주신 분의 아들 The Son of The Sovereign Namer 141p, 143p, 144p, 145p

요 3:16
하나님이 세상을 이처럼 사랑하사 독생자를 주셨으니 이는 그를 믿는 자마다 멸망하지 않고 영생을 얻게 하려 하심이라

요 3:18
그를 믿는 자는 심판을 받지 아니하는 것이요 믿지 아니하는 자는 하

나님의 독생자의 이름을 믿지 아니하므로 벌써 심판을 받은 것이니라

요일 4:9
하나님의 사랑이 우리에게 이렇게 나타난 바 되었으니 하나님이 자기의 독생자를 세상에 보내심은 그로 말미암아 우리를 살리려 하심이라

31. 모든 이름 위에 뛰어난 이름의 아들 The Son of The Name Above All Names 148p

마 10:32
누구든지 사람 앞에서 나를 시인하면 나도 하늘에 계신 내 아버지 앞에서 그를 시인할 것이요

벧전 1:3
우리 주 예수 그리스도의 아버지 하나님을 찬송하리로다 그의 많으신 긍휼대로 예수 그리스도를 죽은 자 가운데서 부활하게 하심으로 말미암아 우리를 거듭나게 하사 산 소망이 있게 하시며

요이 1:3
은혜와 긍휼과 평강이 하나님 아버지와 아버지의 아들 예수 그리스도께로부터 진리와 사랑 가운데서 우리와 함께 있으리라

32. 하나님의 어린양 The Lamb of God 148p

요 1:36
예수께서 거니심을 보고 말하되 보라 하나님의 어린양이로다

계 17:14
그들이 어린양과 더불어 싸우려니와 어린양은 만주의 주시요 만왕의 왕이시므로 그들을 이기실 터이요 또 그와 함께 있는 자들 곧 부르심을 받고 택하심을 받은 진실한 자들도 이기리로다

계 22:3
다시 저주가 없으며 하나님과 그 어린양의 보좌가 그 가운데에 있으리니 그의 종들이 그를 섬기며

스스로 이름 짓는 자

지은이　매트 롤런스
옮긴이　피터 백

2011년 7월 15일 1판 1쇄 펴냄

펴낸이　이창기
펴낸곳　도서출판 예수전도단
출판 등록　1989년 2월 24일(제2-761호)
주소　경기도 고양시 일산동구 백석2동 1329 성지 밀레니엄리젠시 301호
전화　031-901-9812 · **팩스** 031-901-9851
전자우편　publ@ywam.co.kr
홈페이지　www.ywam.kr
주문　전화 031-908-9987 · 팩스 031-908-9986

ISBN 978-89-5536-383-8

책값은 뒤표지에 있습니다.
잘못된 책은 바꾸어 드립니다.